_____ 님께

오늘부터 당신은 '운 좋은 사람'
성공운을 높이는 37가지 약속을 담아 드립니다.

_____ 드림

바꾸고, 버리고, 시작하라

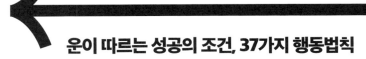

운이 따르는 성공의 조건, 37가지 행동법칙

바꾸고, 버리고, 시작하라

나카지마 가오루 지음 | 한고운 옮김

전나무숲

한국의 독자들에게

우선, 제가 쓴 책(원서명: 운에게 사랑받는 사람)을 읽어주셔서 감사합니다.

지금 여러분은 운과의 관계가 좋습니까?

이 책에는 당신이 운에게 사랑받기 위한 37가지 약속이 실려 있습니다. 모두 간단한 약속들이지만, 이 세상 만물은 간단할수록 어렵기도 하다는 사실을 기억하시기 바랍니다. '간단한 일이니까 바로 할 수 있겠지' 하는 안이한 생각으로 하거나 짬짬이 일을 하면 생각보다 일이 안 풀리는 경우가 많기 때문입니다.

운은 당신의 모든 것을 지켜보고 있으며, 모든 것을 알고 있습니다. 만일 당신이 정말로 운에게 사랑받고 싶다면 이 책에 적혀 있는 37가지 약속을 할 수 있는 것부터 하나씩 신중하게 해나가면 됩니다. 그렇게 하면 운은 분명히 당신 편을 들어줄 것입니다.

오해 없이 들어주기 바랍니다만, '운이 내 편을 들어준다'는 것은 당신이 아무것도 하지 않아도 모든 것이 잘된다는 의미가 아닙니다. 당신이 가진 모든 힘을 끌어내서 누가 보아도 부끄럽지 않은 노력을 100퍼센트 했을 때, 그 노력이 헛되지 않도록 운이 마지막에 당신을 밀어준다는 것을 말합니다. 그것은 다시 말해서 '자기 자신과의 약속'이라고도 말할 수 있을 것입니다.

운은 또한, 당연한 이야기이지만, 국경도 인종도 문화도 종교도 성별도 연령도 환경도 상황도 아무것도 신경 쓰지 않습니다. 그렇기 때문에 이 책을 선택한 당신이 어디에 살고 어떤 사람이고 어떤 상황에 있든 운과 좋은 관계를 만들기 위해서는 지금부터 37가지 약속들을 실천해가면 됩니다.

가족이나 연인을 소중히 여기듯 운을 소중히 대하고, 항상 당신 옆에서 당신을 지켜주는 운에게 감사하는 것, 이것을 잊지 마세요.

여러분 모두 운에게 사랑받으시기를 바랍니다.

_ 나카지마 가오루

당신은 운에게 사랑받고 있습니까? 지금까지의 인생을 되돌아보며 한번 생각해봅시다.

'그래도 운이 좋은 편이었지', '좋지도 나쁘지도 않았어', '나는 그저 그랬어' 등 사람마다 다르게 느끼겠지만 정말 중요한 것은 운이 좋은지 아닌지, 재수가 있는지 없는지가 아닙니다. 당신 스스로 '운이 나를 사랑하고 있다', '나는 운이 좋아', '내 인생은 재수가 있어'라고 생각하는 것입니다.

운은 기본적으로 '좋다'나 '나쁘다'가 없습니다. 그래서 '운에게 사랑받는가 아닌가', '운이 지켜주는가 아닌가'를 생각하고 '운이 나를 사랑해준다', '운이 나를 지켜주고 있다'는 마음으로 살아가는 자세가 무엇보다 중요합니다.

나도 전에는 운을 좋거나 나쁜 것으로 생각해 불행을 겪지 않는 방법이나 행운을 부르는 방법을 찾았습니다. 그러나 어느 순간, 어떤 일을 계기로 '어쩌면 그게 아닐지도 모른다' 는 생각이 들었습니다. 그 뒤로 사람들은 나에게 '운이 좋은 사람', '재수가 좋은 사람'이라고 합니다. 나 스스로도 지금껏 그렇게 생각하면서 살아왔습니다.

내 주변에서는 '그런 말도 안 되는 일이 있어?', '영화나 드라마에 나오는 이야기 아니야?'라고 할 만한 사건들이 매일같이 일어납니다. 예상하지도 못한 운 좋은 일이 일어나는가 하면, 생각하기도 싫을 만큼 끔찍한 사건도 일어납니다. 그런데 그 일들에서 끝나지 않고 운 좋은 일은 더욱 큰 행운을 부르고, 최악의 사건이 엄청난 기회의 시작이 되는 경우도 많았습니다. 그러한 나의 이해를 넘어서는 사건들을 경험하면서, 운 자체에는 좋고 나쁨이 있는 것이 아닌데 내 마음대로 운을 이분법적으로 판단해왔던 것은 아닌가 하는 생각을 하게 된 것입니다.

다시 말해, 운 자체가 나를 사랑하고 지켜주고 내 편이 되어준다면 무슨 일을 겪더라도 견뎌낼 수 있습니다. 그렇게 될 수 있는 힌트를 많은 사람들에게 줄 수 있을 것 같아서 이 책을 쓰게 되었습니다.

사실 나는 운 전문가도 아니고, 점을 칠 수 있는 사람도 아니고, 무언가 보이지 않는 불가사의한 힘을 가지고 있지도 않습니다. 그런 분들로부터 '에너지가 강하다', '아우라가 엄청나다', '운이 강력하다'라는 말을 듣는 일은 종종 있지만요.

이런 일이 있었습니다. 내 친구 중에 야마모토 히로시라는 남성이 있는데, 어느 날 그가 친하게 지내는 심령사 한 분을 만났습니다. 그 심령사 분은 나의 강력한 아우라를 좋게 말씀해주셨고, 내 친구에게는 "가오루 씨는 운에게 매우 사랑을 받고 있다"고 말씀하셨다고 합니다. 보이지 않는 것을 볼 수 있는 힘을 가진 분에게서 그런 말을 듣는 것을 보면 내가 정말 운에게 사랑받고 있는 건지도 모르겠습니다.

기분이 매우 좋아진 나는 이런 생각을 했습니다.

'만일 내가 운에게 사랑받고 있다면 나의 세상을 바라보는 방식이나 사고방식, 습관 등을 많은 사람들과 공유할수록 운에게 사랑받는 사람들이 더 늘어날지도 모른다. 그렇게 하면 모두가 풍요롭고 행복해지는 데 도움이 되지 않을까? 어떤 의미에서는 나의 인생철학이나 행동법칙, 습관을

전하는 것이 누군가에게 도움이 될 것이고, 아마도 이렇게 멋진 일은 더 이상 없을지도 모른다.'

그래서 이 책에는 내가 평소에 습관으로 삼고 있는 37가지 행동법칙을 모았습니다. 그리고 그 행동법칙들을 '바꾸다', '버리다', '시작하다'의 세 가지 카테고리로 나누었습니다. 이 세 가지 카테고리는 운에 사랑받으려고 할 때 '변화'와 '진화'를 가져다줄 키워드로서도 매우 중요합니다.

이 책에 나오는 37가지 행동법칙은 간단한 삶의 원리이기도 합니다. 그렇기 때문에 전부 당신 것으로 받아들여주셔도 좋고, 마음에 드는 것 한두 가지만 실천해보셔도 좋을 것 같습니다. 그렇게 해서 운에게 사랑받는 지수가 쭉쭉 올라가서 당신 스스로 '운에게 사랑받는다'는 느낌을 받는다면 나는 정말로 행복해질 것입니다.

'운에게 사랑받는다'라고 스스로 말할 수 있을 때 당신은 어떤 성공도 행복도 자신만의 힘으로 이루어낸 것이 아니라는 생각이 들 것입니다. 그러면 주변의 모든 것에 감사합시다. 운은 그런 당신을 더 사랑할 것입니다.

_ 나카지마 가오루

차례

CHANGE — 바꾼다

LET GO – 버린다

START - 시작하다

CHANGE ———

바꾼다

여전히 같은 곳에 머무르겠습니까?
아니면 앞으로 나아가겠습니까?
선택은 당신의 몫입니다.
하나도 어려울 것이 없습니다.
내 자리가 아닌 곳에서
제자리걸음만 반복하는 느낌이라면
그것이 신호입니다.
뭔가를 바꿀 때라는.
혹은 당신 자신을 바꿀 때라는.

CHANGE
01

———

바꾸다

'바뀌고 싶다' 말만 하는 사람은
절대 바뀌지 않는다

———

마음의 장애물을 없애고
뭔가를 바꿔나가는 데에는 용기가 필요합니다.
무슨 대단한 용기가 필요한 것이 아닙니다.
'사소한 용기'면 충분합니다.

고향인 시마네(島根縣)에서 영업사원으로 일하던 시절부터 세계가요제에서 그랑프리를 수상한 뒤 상경해서 작곡가가 되고 내 사업을 하는 현재까지를 포함한 지난 수십 년 동안, 나는 직장인들이 평균적으로 만나는 사람 수의 백 배, 천 배, 아니 어쩌면 만 배가 넘는 참으로 많고도 다양한 사람들을 만나왔습니다. 그들 중 많은 사람들이 '나 자신을 바꾸고 싶다', '변하고 싶다'는 소망을 얘기했지요.

　그들을 보면서 깨달은 바가 하나 있습니다.

　그것은 '바뀌고 싶다는 말만으로는 절대로 바뀌지 않는다'는 사실입니다.

　지금의 자신보다 더 나아지고 싶다는 바람은 당연히 훌륭한 태도입니다. 그런 태도를 가졌다면 이제 하나씩 바꿔나가면 됩니다. 그런데 내가 지금까지 봐온 바로는 '바뀌고 싶다'고 말은 하면서도 아무것도 하지 않는 사람들이 의외로 많습니다. '바뀌고 싶다'고 생각은 하지만 마음 한구석에는 '설마, 바뀌겠어?' 하는 의심이 자리 잡고 있습니다. 내 눈엔 그렇게 보입니다.

그래서 "가오루 씨, 저는 이런 부분을 바꾸고 싶은데 잘 안 되네요"라고 말하는 사람에게 나는 조금 강한 어조로 말합니다.

"바뀌고 싶다고 말하면서도 사실은 안 바뀔 거라고 생각하는 거 아닙니까? '바뀔 리가 없지'라는 마음의 브레이크를 풀지 않는 한 결코 당신은 바뀌지 않습니다."

중요한 것은 마음먹는 것 자체가 아닙니다. 스스로 '바뀔 수 있다'고 진심으로 깨달아야 합니다. 바뀌기 위해 행동해야 합니다. 그렇게 한다면 운 또한 분명 당신을 도울 것입니다.

'바꾸고 싶다', '바뀌고 싶다'고 말만 하고 가만히 있으면

마음의 브레이크를 풀고
용기를 내지 않는 한
당신은 결코 바뀌지 않습니다.

아무것도 바뀌지 않습니다. 정말로 바꿀 결심이 선 사람은 고민하거나 망설이기 전에 먼저 행동으로 옮깁니다. 머리를 자르고 싶다고 생각만 해봤자 머리카락은 그 길이 그대로입니다. 잘라야겠다고 마음먹었으면 미용실에 예약을 하고 자르러 가면 되지요.

어려울 것이 하나도 없습니다. 어찌 보면, 바뀌는 것은 간단합니다. 바뀌지 못하게 막는 장애물을 없애면 됩니다. 그 장애물은 바로 마음속 브레이크입니다.

그 장애물을 없애고 뭔가를 바꾸는 데에는 용기가 필요합니다. 무슨 대단한 용기가 필요한 것이 아닙니다. '사소한 용기'면 충분합니다. 이 '사소한 용기'가 없어서 그대로 멈춰버린 사람이 이 세상에는 정말로 많습니다. 참으로 안타까운 일입니다. 뭔가를 바꾸고 싶다는 생각이 들면 생각만 하다 그만두기 전에 행동하고, 행동하면서 바꿔나가는 방법이 가장 좋습니다. 그렇게 하면 운도 나를 분명히 도와줍니다.

예전에 친구가 알려준 라인홀드 니버(Reinhold Niebuhr)라는 미국 신학자의 글 중에 다음과 같은 기도문이 있습니다.

신이시여,

바꿀 수 있는 것들을 바꿀 만한 용기를 주소서.

바꿀 수 없는 것들을 받아들일 수 있는 냉정함을 주소서.

그래서 바꿀 수 있는 것과 바꿀 수 없는 것을

구별하는 지혜를 주소서.

'바뀌기 위한 사소한 용기'가 당신에게도 솟아나기를 기원합니다.

CHANGE
02

집중하다
잡념이 생길 틈을
주지 않는다

집중력이 있으면
쓸데없는 생각이 당신의 머릿속을 파고들지 못합니다.
그러기 위해서 당신이 기억할 것은
'우선순위', '마감시간', '서두르지 않기'입니다.

나는 집중력 하나만큼은 자신 있습니다. 주변 사람들이 "가오루 씨의 집중력은 정말 대단해"라고 말할 정도지요. 그래서인지 어떤 일이든 일단 시작하면 작업 속도가 매우 빠릅니다. 착수하는 것도 빠르지만 끝내는 것도 빠릅니다.

그리고 무엇보다, 겉으로 보기에는 필사적으로 일하는 것처럼 보이지 않는다는 것이 특징입니다. 평소와 그다지 다르지 않아서 사람들은 '그냥 좀 하네'라고 생각합니다. 하지만 예상을 뛰어넘는 결과에 다들 놀랍니다. 이것 역시 집중하기 때문에 가능한 일입니다.

이러한 나의 장점을 살려서, 일이나 공부를 하다가 주의가 산만해지거나 일이 지겨워지거나 하는 사람들에게 '나카지마 가오루의 집중력 키우는 방법'을 알려드리겠습니다.

가장 먼저 할 일은 '해야만 하는 우선순위를 정하는 것'입니다. 집중력을 키우는 데 가장 중요한 단계입니다. 우선순위를 정하지 않으면 본격적으로 일을 하기도 전에 집중력이 떨어져 나쁜 결과를 초래합니다.

그다음 단계는 '시간 설정'입니다. 즉 마감날짜를 정하는 것입니다. 단시간에 할 수 있는 일은 물론이고 프로젝트나 사업 계획 같은 규모가 큰 일도 마찬가지입니다.

규모가 큰 일일수록 마감날짜와 시간을 정해 집중해야 합니다. '아무 때나 상관없어' 하고 생각하고 있다가는 집중력이 생기기는커녕 시작할 마음마저 생기지 않습니다. 대형 외식 체인점인 와타미주식회사의 와타나베 미키 회장도 《꿈에 날짜를 정하라!》에서 같은 이야기를 합니다. 그만큼 마감날짜를 정하는 것은 중요합니다. '언제까지 이것을 해내겠다'고 정하지 않으면 좀처럼 실현되기가 어렵기 때문입니다.

그리고 중요한 일일수록 바로 시작해야 합니다. 이러한 사실을 모른 채 사는 사람들이 의외로 많은데, 아무튼 당장 시작하면 바로 시동이 걸리고, '지금 당장 한다'라는 습관이 몸에 배면 스스로도 놀랄 만큼 집중하기가 쉬워집니다. 속았다 셈치고 한번 해보십시오.

그리고 또 하나, '서두르지 않는 것'도 집중력에 매우 도움이 됩니다. 서둘러서 움직일 때의 실패율은 상당히 높습니다. 과거에 서둘렀다가 쓰라린 실패를 맛봤던 제가 드리는 말씀이니 믿으셔도 됩니다. '서두르자'라고 자신에게 말하는 것은 좋지만, 초조해하거나 당황해서는 절대로 안 됩니다.

집중력을 높이는 방법으로 '당황하지 말고, 당장 착수해서, 빨리 한다'를 반드시 기억하십시오. 이것은 곧 '자신에게 쓸데없는 생각을 할 틈을 주지 않는다'와도 뜻이 통합니다.

'우주는 속도를 매우 좋아한다'는 문구를 《시크릿(Secret)》이라는 책에서 본 적이 있습니다. 신도 그러한 모양입니다. 물론 운도 마찬가지입니다. 해야 할 일이 생기면 바로 들러붙어서 확실히 끝내버려야 다른 사람들에게 사랑받습니다. 제 경우를 비추어보면, 해야 할 일을 집중해서 끝낸 결과는 거의 대부분 좋았던 것 같습니다.

집중함으로써 얻게 되는 좋은 결과도 물론 중요하지만, 자신에게 집중하는 습관이 몸에 붙는 것이 무엇보다 큰 재산이 됩니다. 결과를 의식하면서 집중하면 부담이 되고 잡념이 들어갈 가능성도 있습니다. 그러나 결과를 신경 쓰지 않고 집중하면 어떤 때는 자신의 능력의 한계를 조금 넘어설 수도 있습니다. 그렇게 조금씩 자신의 영역을 넓히는 기회도 생기므로 반드시 집중하는 습관을 키워가기 바랍니다.

CHANGE
03

닦는다

자신의 가능성을 믿는 사람만이
자신을 갈고닦을 수 있다

'싫어하는 일', '대하기 껄끄러운 사람들'이야말로
자신을 갈고닦을 수 있는 가장 중요한 도구입니다.
그들을 당신에게 보내준 신에게 감사하세요.

'닦는다'는 말을 들으면 당신의 머릿속엔 무엇이 떠오르나요? 신발, 안경 같은 물건을 떠올린 사람이 많지 않을까 싶습니다. 혹 그조차도 생각나지 않아 '닦는다고? 닦는다는 게 뭐야?' 하고 의아해하는 사람도 있을지 모르겠습니다.

　하지만 '사람을 닦는다', 더 나아가 '나 자신을 닦는다'라고 생각한 사람도 있을 것으로 기대합니다. 그런 사람은 멋진 미래를 손에 쥐게 될 확률이 높습니다. 왜냐하면 자기 자신과 그 가능성을 믿고 평소에도 자기 자신을 닦고 싶다고 생각한 사람만이 '닦는다'는 단어의 의미를 '나 자신을 닦는다'로 해석할 수 있기 때문입니다. 안타까운 것은, 그러한 사람이 그리 많지 않다는 것입니다.

'자신을 닦는다는 것'은 어려운 일입니다. 사물은 표면만 닦으면 되지만 사람은 외면은 물론 내면까지, 즉 성격과 사물을 대하는 사고방식, 행동, 살아가는 방식 등 모든 것을 갈고닦아야 하기 때문입니다. 그러한 어려움을 헤쳐서라도 자신을 닦으려고 애쓰는 사람은 매우 의지가 강한 사람입니다.

자신을 갈고닦다 보면 당신 안에 잠자고 있던 새로운 가능성과 만날 수 있습니다. 그 과정에서 '나도 뭔가를 잘할 수 있지 않을까' 하고 느낀 사람이 바로 이 여행의 여권을 손에 넣을 수 있습니다.

나는 항상 '좀 더 나 자신을 갈고닦고 싶어'라고 생각해왔습니다. 젊은 시절에는 그 욕구가 훨씬 더 강했던 기억이 납니다. 시골 지역의 세일즈맨이었던 이유도 있었지만, 무엇보다 평범함이 싫었습니다. 돈이 궁했거나 일에 불만이 많았던 것은 아닌데, 그럭저럭 만족하는 삶을 살 생각이 없었습니다.

그래서 닮고 싶은 사람 한 명을 점찍어 '이런 사람이 되고 싶다'고 마음속으로 되뇌거나, '이런 사람은 절대 되고 싶지 않다'는 사람의 행동은 절대 따라하지 않으려고 노력했습니다. 자신을 갈고닦을 때 어떤 한 사람을 점찍어두는 것은 매우 효율적이면서도 중요합니다. 책을 읽거나 영화를 보거나 운동을 하는 등 다양한 방법으로 자신을 갈고닦아도 되지만, 역시 사람은 사람에 의해 갈고닦아지기 때문입니다.

일상생활에서도 자신을 갈고닦는 방법은 많습니다. 예를 들면, 의외일지 모르겠지만, 싫어하는 사람을 만나거나 싫어하는 일을 잘 수습할 때 사실은 나 자신이 상당히 많이 갈고닦입니다. 회사원이라면 대하기 거북한 상사와 부하, 혹은 다소 성가신 거래처를 수시로 만나면서 진화해갑니다. 그들을 '나를 갈고닦기 위해 신이 보내주신 감사한 존재들'이라고 생각하면 훨씬 회사생활을 견디는 데 도움이 됩니다. 또 별로 하고 싶지 않은 일을 아랑곳하지 않고 완수해내는 능력을 몸에 익힌다면 인생의 여러 상황에서 반드시 도움이 될 것입니다.

목공의 마무리 과정을 보면 샌드페이퍼로 거친 면을 갈아낸 뒤에 부드러운 천으로 닦아냅니다. 마찬가지로, 자신을 갈고닦으려는 사람에게는 그 도구가 다양한 형태로 준비되어 있습니다. 그것들을 잘 활용해 자신을 아름답게 빛나는 존재로 완성해가는 것은 어떨까요?

CHANGE
04

—

고친다

일이 잘 안 될 때는
'노력'보다 '대책'을

—

어떤 문제든 노력한다고 해결되지 않습니다.
대책을 세워야 합니다.
'이러면 안 되는데'라는 생각이 들 때
바로 대책을 세우면 인생은 간단해집니다.

당신이 생각하기에, 당신의 인생은 잘 풀리고 있나요? 일도 수입도 인간관계도 애정문제도 자신의 재능이나 사는 방법도 모두 만족스럽고 '이 정도면 흠 잡을 데 없다'고 생각한다면 이 글은 읽지 말고 바로 다음 글을 읽어주세요. 그러나 '이것은 좀 바꾸고 싶어', '다른 방식으로 하고 싶어'라고 생각되는 부분이 하나라도 있다면 지금이 바로 그 부분을 수정할 '타이밍'입니다.

누구나 스스로 잘 알고 있으면서 고치지 못하는 좋지 않은 버릇과 행동, 사고방식 등이 있습니다. 그리고 아주 작은 궁리를 함으로써 문제를 해결할 수 있음에도 불구하고 그렇게 하지 않는 경우가 많습니다.

옷의 단추가 떨어지면 보통 단추를 다시 답니다. 외출 중에 단추가 떨어지면 당장은 어쩌지 못해도 집에 돌아오면 단추를 달지요. 단추가 떨어진 옷을 1년, 2년 동안 방치해두는 사람은 아마 없을 것입니다. 직장에서 컴퓨터에 문제가 생기면 잘 아는 사람에게 물어보고, 그래도 안 될 때는 수리를 맡길 것입니다. 일하는 데 지장이 있는데도 컴퓨터를 고장 난 상태로 두는 사람도 그다지 없을 것입니다.

그와 마찬가지로, 자신에게 무언가 문제가 발견되거나 이대로는 안 되겠다는 생각이 들면 그것을 고칠 필요가 있습니다. 어떤 문제든 그대로 방치할 수도 없고, 그래서도 안 되는 것입니다.

자신의 문제를 고치는 것은 그리 어렵지 않습니다. 대부분 어떻게든 스스로 해낼 수 있는 범위 내의 문제이므로 누구든 충분히 할 수 있습니다. '지금의 수입이 충분치 않아서 연수입을 두 배로 만들고 싶다'라든가 '얼굴도 몸매도 예쁘고 성격까지 좋은 여자친구를 만나고 싶다'는 것이라면 당신 혼자만의 문제가 아니기에 실현하기가 조금 어렵겠지만요.

내가 말하는 요점은 '대책을 세우자'입니다. '노력'처럼 힘들게 해야 하는 것이 아니라 실패를 막기 위한 대책, 일이 잘 풀리기 위한 작전 말입니다. 고민이 많은 사람일수록 고민만 할 뿐 아무것도 하지 않거나, 적절치 못한 노력을 하는 경우가 많은 것 같습니다. 고민할 여유가 있다면 차라리 문제 해결을 위한 대책과 작전을 생각하십시오.

예를 들어, 저녁형 인간이고 좀처럼 아침에 일어나지 못해 회사에 지각할 뻔한 일이 많은 사람은 대부분 "알람은 맞췄는데…"라면서 "알람이 울리면 바로 꺼버려서 제 시간에 일어나지 못해요"라고 말합니다. 그렇다면 알람시계를 하나 더 사든지, 다른 사람에게 모닝콜을 해달라고 부탁을 하든지, 밤늦게까지 깨어 있지 말고 일찍 잠을 자든지, 아침에 잘 일어날 수 있게 영양제로 체력을 키우든지, 침대 머리를 창가 쪽으로 배치하고 커튼을 열고 자는 식으로 작전을 세울 수 있지요. 같은 문제를 해결한 사람에게 그 방법을 묻는 것도 참고가 됩니다.

이 정도의 궁리도 하지 않고 "알고는 있는데 못 하겠어요"라고 말하는 사람은 운이 도와주지 않아도 불평을 해선 안 됩니다.

저녁형 인간의 문제 해결법

"지각이다."

"알람 시계의 도움을 받아야지."

"제 시간에 도착!"

사실 이렇게 말하는 저 역시도 아침형 인간이 아니라서 알람시계를 두 개, 게다가 스누즈 기능이 달린 것을 사용하고 있습니다. 이렇게 하면 일정 기간 반복해서 계속 울리기 때문에 반드시 일어나게 됩니다.

또다른 방법도 있습니다. 내 경우에는 스케줄에 따라 매일 일어나는 시간이 다르고, 해외에 있는 일이 많아서 시차 영향도 받습니다. 그래도 어떻게든 일어날 수 있는 비결은 '늦잠을 자서 지각을 하면 많은 사람들에게 폐를 끼친다'는 생각을 하는 것입니다. 어느 순간 그 생각이 머리를 스치면 늦잠 같은 것은 꿈도 꾸지 못합니다. 이러한 긴장감이 있으면 늦잠도 분명히 줄어들게 될 것입니다.

CHANGE
05

사과하다
사과하는 것은
지고도 이기는 것

자신의 잘못을 인정하고
상대방에게 사과할 줄 아는 당신,
참으로 멋집니다.

사과하는 것은 큰 용기가 필요한 행동입니다. 자신의 잘못을 인정하고 상대방에게 용서를 구해야 하기 때문입니다. 그렇기에 자신이 잘못했다는 생각이 들면 언제라도 솔직하고 성실하게 마음을 다해서 사과할 준비가 되어 있는 사람이 정말 멋진 사람입니다.

　많은 사람들이 사과할 일을 만들지 않는 것이 가장 좋다고 생각하지만, 꼭 그렇지도 않습니다. 왜냐하면 사과할 일을 아예 만들지 않으려다 오히려 소중한 것을 잃을 수도 있기 때문입니다. 즉 실수하지 않으며 살아가려다 보면 성공은 영원히 이룰 수 없습니다.

　사과하는 것, 다시 말해 사죄가 필요한 일을 하는 것은 손해라고 생각하는 사람도 있겠지요. 분명히 그 일 자체는 그대로 두면 손해가 될지도 모릅니다. 하지만 그 일에 신속하고 성실하게 대처하면 손해를 한 번에 만회하고 오히려 없던 일로 만들거나 이익으로 전환할 수도 있습니다. 기업의 경우 클레임 대응법이 잘되어 있으면 상품 때문에 화를 내던 고객이 오히려 그 기업의 팬이 되는 경우가 대표적인 예입니다.

나도 전에 그런 경험이 있었습니다. 호텔 레스토랑에서 식사를 하고 나오는데, 점원이 뛰어오더니 "손님, 죄송합니다. 주문하신 차왕무시가 하나였는데 저희가 두 개로 전표 처리를 해서 돈을 더 받았습니다. 여기, 남은 돈입니다. 앞으로는 이런 일이 없도록 조심하겠습니다. 저희 가게에 한 번 더 와주십시오. 더 잘 해 드리겠습니다"라고 말하더군요. 숨을 헐떡이며 진심으로 사과하는 점원의 태도에 나는 놀라움을 넘어 감동해버렸고, 그 이후로 그곳은 나의 단골가게 중의 하나가 되었습니다.

반대로, 사과를 잘못하면 문제가 커집니다. 간혹 TV에서 유명인이 기자회견을 열어 사과하는 경우가 있는데, '잘못한 것 같지는 않지만 우선은 사과하자'의 태도로 사과하는 사람이 있습니다. 이래서는 사과를 하고도 오히려 역효과가 납니다. 사과의 좋지 않은 표본입니다. 사과를 잘하려면 타이밍도 잘 잡아야 합니다. 그러면 그만큼의 실수도 만회할 수 있습니다.

나는 직원이 실수를 하면 어떻게 실수를 하게 됐는지를 먼저 살핍니다. 만약 열심히 하다가 실수를 하게 된 경우라면 꾸짖지 않고, 사과를 분명히 한다면 반대로 그것을 평가하는 편입니다.

얼마 전의 일이 떠오르네요. 일로 알게 된 어떤 사람이 회의를 하고 난 며칠 후에 연락해서는 이렇게 말했습니다.

"가오루 씨, 죄송합니다. 그때는 제가 그렇게 말을 했는데, 사실 거짓말을 했습니다. 실은 이러합니다. 용서해주세요. 가능한 빨리 사과를 해야 하는데 늦게 해서 죄송합니다."

나는 '이 사람 정말 대단한데' 하고 생각했습니다. 잠자코 가만히 있었다면 아무도 눈치 못 채고 지나갔을 일인데, 일부러 '그건 거짓말이었습니다'라고 정직하게 고백하고 사과를 하다니… 오히려 그 사람에 대한 신뢰도가 높아졌습니다.

인간은 누구나, 자신을 남에게 과시하고 싶을 때가 있습니다. 당신도 그렇지 않은가요? 하지만 운은 과시하는 사람보다는 자신의 잘못이나 실수를 인정하고 사과함으로써 숨은 문제까지 해결할 줄 아는 사람들의 편이 되어줍니다. 사과하는 것을 너무 두려워하지 말고, 전화위복의 계기가 되도록 대처하세요.

CHANGE
06

인정한다
인정하지 못하는 사람에게
진화(발전)는 없다

진화(발전)를 지속시키는 힘은
인정하고 받아들이는 태도에서 생겨납니다.

지금 자신에게 일어나는 일들을 받아들이지 못하면 앞으로 큰일이 일어날지 모릅니다. 좋은 일이든 나쁜 일이든 '내 눈앞에서 지금 이런 일들이 일어나고 있다'고 분명히 인식하고 받아들일 수 있어야만 운은 당신의 진화(발전)를 도울 것입니다.

　인정해야 하는 것 가운데 가장 어렵고도 중요한 것이 '타인을 인정하는 것'입니다. 이것이 잘 안 되면 '질투'라는 녀석에게 휘둘리기 일쑤입니다.

　질투, 즉 시기심은 인간의 에너지 중에서 가장 쓸모없는 독소인 것 같습니다. 게다가 사라지지 않고 계속 남기 때문에 어느 면에서는 슬픔과 분노보다도 더 성가신 존재입니다. 슬픔과 분노는 어느 정도 시간이 해결해주는데 질투는 영원합니다. 그렇기 때문에 질투를 없애거나 줄이는 노력은 매우 중요합니다.

당신도 '똑같은 일을 하는데 왜 항상 내 동료가 상사한테 칭찬을 받지?', '나나 저 사람이나 겉으로 보기에는 그다지 차이가 안 나는데 왜 항상 저 사람만 인기가 많지?'라고 생각해본 적이 있을 것입니다. 얼마 전 친구와 질투에 관한 이야기를 할 때 그 친구도 똑같은 말을 했습니다. 그는 이제 막 1인 기업으로 성공가도를 달리기 시작한 사람인데, 회사원이었을 때 자신보다 근무성적이 훨씬 낮은 동료가 먼저 승진하는 것을 보고 불공평하다고 생각해 상사나 그 동료에게 화를 냈다고 합니다. 그런데 다른 사업을 시작하면서 자신이 얼마나 큰 잘못을 저질렀는지 깨달았다고 합니다. 동료의 승진을 받아들였어야 했는데 그러지 못했다면서 후회를 하더군요.

누군가가 성공을 하거나 일이 잘 풀릴 때는 그만한 이유가 있습니다. 그런 사람과 나 사이에는, 아주 작을지 모르지만, 확실한 차이가 있습니다. 그것이 명암을 가르는 것입니다. 그 차이는 때때로 '같은 일을 같은 식으로 하고 있었다'

가 아니라 '상대방이 나보다 많은 일을 하고 있었다' 혹은 '상대방이 어떤 일이든 확실히 하고 있을 때 나는 하나나 둘 밖에 하지 않았다'는 식으로 드러나게 됩니다.

'저 사람은 왜 인정을 받는 거지?'라는 의문이 들면 즉시 자신에게 '그럼 나는 무얼 했지?'라고 자문해봅시다. 그러면 아주 작은 것이긴 하지만 '내가 무언가를 하지 않았기 때문에 그것을 해낸 저 사람이 인정을 받는 것이다'라고 깨닫게 될 것입니다.

바깥에서만 원인을 찾을 것이 아니라, 자신 안에 원인이 있다고 생각하고 그것을 찾아야 합니다. 그렇게 하지 않으면 평생 그 차이를 못 본 채 시기심과 불만을 안고 살지도 모릅니다.

상대방과 똑같은 위치에 올라야 할 것 같은데 자신이 지금 그곳에 있지 않을 때는 우선 자신을 뒤돌아보고 반성을 해야 합니다. 상대방에게 너무 지나치게 신경을 써버리면 아무리 시간이 흘러도 그 위치에 오를 수 없습니다.

질투심을 버립시다. 순수한 마음으로 타인을 인정하고 축복하고 칭찬합시다. '좋은 것은 좋은 것이다'라고 인정할 수 있을 때 자기 자신도 인정할 수 있습니다.

누군가를, 무언가를 시기하는 순간 자신의 진화는 멈춰버립니다. 타인을 너무 신경 쓰다가 자신의 성장이 멈춰버리는 것, 정말로 아깝지 않습니까?

다른 사람이 자신보다 위에 있다고 생각하는 것은 정말로 대단한 기회입니다. 왜냐하면 당신이 그 사람을 앞지르고 따라잡으며 성장하고 지금보다도 훨씬 더 진화할 수 있을지 모르기 때문입니다.

—

용서한다

타인을 용서하는 것은
자신을 용서하는 것

—

절대 용서할 수 없을 것만 같은 일이나 사람이 있습니까?

어떤 일이 그런가요? 어떤 사람이 그러한가요?

혹 그 일이나 사람의 특성이 자신 안에 있어서 더 용서가 안 되는 것은 아닌지요?

그렇다면 더더욱 용서를 해야 합니다. 그 누구도 아닌 자신을 위해서요.

당신에게는 용서할 수 없는 사람이나 용서할 수 없는 일이 있습니까? 만일 그렇다면 가능한 빨리 그 일을 용서하고 끝내버리십시오. 진심으로 그러시기를 부탁합니다. 당신의 마음 깊은 곳에서 '이제 그 일은 나와 상관없습니다. 모든 것을 용서합니다. 용서하지 못할 것 같았던 그 마음까지 돌려드리겠습니다'라는 생각이 우러나야 합니다. 그렇지 않으면 '용서할 수 없다'라는 유쾌하지 않은 마음이 앞으로도 지속될 것입니다.

그러한 일들이 일어나는 것은 좋지 않습니다. 무엇보다 당신에게 좋지 않습니다. 용서를 하지 않으면 그 기운은 당신이 '용서할 수 없다'고 생각한 사람이나 일에만 영향을 미치는 게 아니라 결국 당신을 덮치기 때문입니다. 즉 용서하지 않는 것은 자신에게 저주의 말을 퍼붓는 것과 같습니다. 그렇기 때문에 한시라도 빨리 그 사람 혹은 일을 용서하십시오.

빨리 용서하는 것은 그 후의 일을 유리하게 전개하는 계기가 되기도 합니다. 물론, 흉악범에 의한 극악무도한 사건의 경우 그 피해자와 관계자들에게 "빨리 용서하는 것이 좋습니다"라고 말하기는 어렵습니다. 그것은 별개의 이야기입니다. 제가 말씀드리는 것은 누군가로부터 안 좋은 일을 당하거나 안 좋은 말을 들어서 상처를 받거나 하는 인간관계 범위 내의 이야기입니다.

한 여성의 이야기를 잠깐 하겠습니다. 그 여성이 어느 날 직장에서 속상한 일이 있었다며 전화를 걸어 왔습니다. 매우 사이가 안 좋은 동성 동료가 그녀에 대한 거짓 소문을 회사에 퍼뜨렸다고 해요. 몹시도 화가 난 그녀는 그 상황을 이야기하며 "가오루 씨, 어떻게 생각해요? 너무 심하지 않나요?"라고 물었습니다. 나는 이렇게 대답했습니다. "상관없잖아요, 그러라고 해요." 내 대답에 그녀는 깜짝 놀라 아무 말도 못 했습니다. 나는 대답을 마저 했습니다.

"어차피 그가 퍼뜨린 소문이 사실이 아니니 그 소문이 퍼진다 해도 당신이 뭘 어떻게 할 필요도 없잖아요. 당당히 있으면 되는 거죠. 평소 당신을 잘 아는 사람들은 그 소문을 믿지 않을 것이고, 결국 그런 시시한 이야기를 한 사람이 벌을 받을 거예요. 상대할 가치가 없는 사람에게 맞춰 대응하면 지는 거예요. 자신에게 죄가 없다면 당당히 '용서해주지 뭐' 하는 여유를 보여주세요."

나의 조언에 따라 그녀는 자신에 대한 거짓 소문에 상대하지 않았고, 그 소문을 퍼뜨린 사람도 곧 포기를 했다고 합니다.

용서는 이렇게 간단하며, 자신에게 좋은 기운을 줍니다. 그런데 왜 '용서할 수 없다'고들 생각할까요? 이것을 이해하면 용서를 못 할 일은 확실히 줄어듭니다.

사실, '용서할 수 없다'고 생각한 다른 사람의 성격이나 일들은 크던 작던 간에 자신이 가진 일부 특성과 일치할 확률이 높습니다. 그 점에 당신의 마음이 반응한 것입니다. '저 사람의 예의 없는 면이 용서가 안 돼'라고 생각된다면 당신에게도 똑같이 예의 없는 면이 있을 것입니다. 단지, 당신은 예의에 어긋나지 않도록 신경 쓰고 있다는 차이가 있을

뿐이지요. 그래서 '나는 신경을 쓰는데 저 사람은 왜 신경을 안 쓰는 걸까' 하는 생각이 들어 화가 나는 것입니다.

다시 말해, '용서할 수 없다'고 생각하는 것은 그 특성을 가진 자신을 용서할 수 없다는 의미입니다. 그러다가는 평생 그것을 알아채지 못하고 자신을 책망하기만 할 뿐입니다.

용서하는 것은 자신을 용서하는 것과 같습니다. 용서할 수 없는 일이 일어났을 때가 자신이 싫어하는 자기 안의 특성을 알아차릴 수 있는 기회이면서 자신이 더욱더 성장하는 때인 것입니다. 그러니 용서하고, 끝내고, 그냥 내버려두십시오.

CHANGE
08

의심하다
남도 나도
의심해본다

잘 모르는 사람의 말은 당연히 의심하면서
왜 당신이 단정 짓는 당신의 능력은 의심하지 않나요?
당신의 능력은 발휘하기 전엔 당신을 포함해 아무도 모릅니다.
그러니 의심하고 다시 한번 살펴보세요.

내가 '남도 나도 의심하라'는 말을 하면 다들 놀랍니다. 의외라는 표정을 지으면서요.

　사실 나는 꽤나 의심도 많고 진지한 성격입니다. 그렇지만 24시간, 365일 내내 의심이 많은 것은 아닙니다. 평소에는 오히려 대범하게 주변 사람들의 말을 그대로 믿어버립니다. 이때의 '주변 사람'은 가족, 친구, 직장동료 등 내가 잘 아는 사람들입니다. 바꿔 말하면, 내가 잘 모르는 사람의 말을 의심해본다는 것이지요. 그 경우에도 그들의 말을 하나부터 백까지 부정하거나 거절하거나 반대한다는 것이 아니라, 들은 이야기를 받아들이기 전에 일단 내 안에서 체크해본다는 것을 의미합니다.

이러한 나의 생각을 듣고 어떤 분들은 "가오루 씨, 조심성이 지나치거나 너무 깊이 생각하는 건 아닌가요?"라고 말씀하십니다. 그런 면이 없다고는 할 수 없습니다. '나 아닌 모든 사람을 사기꾼이나 도둑이라고 생각하라'까지는 아니지만 가끔은 사기꾼이나 도둑도 분명히 있기 때문에 그것을 주의하라고 말하는 것입니다. 특히 우리나라 사람들은 착하다고 할까, 마음이 너그러운 사람이 많은 것 같습니다. 그렇기 때문에 보이스피싱 같은 사기수법이 생기는 것 같습니다.

시골에서 회사생활을 했을 때 무엇이든 다 믿어버려 나중에 따끔한 맛을 본 적이 많습니다. 그 일들을 생각하면 '결정하기 전에 확실히 따졌어야 했는데…' 하는 후회를 요즘에도 합니다. 하지만 그런 실수를 되풀이하며 살아와서인지 이제 내 머릿속에는 경보기가 준비되어 있습니다. 어떤 이야기를 듣고 '이건 좀 이상한데?', '이 말은 좀 수상쩍은데?', '이 사람은 좋은 말은 많이 하지만 무언가 자연스럽지가 않아'라는 느낌이 들면 머릿속의 경보기가 작동합니다. 그럴 때는 그 자리에서 판단하거나 결정하지 않고 일단 주

삐~익!

당신의 머릿속에서
경보기가 울립니다!
왜일까요?

변 사람들에게 의견을 묻거나 스스로 알아봅니다.

그런데 내 경보기는 나쁜 일만 아니라 좋은 일에도 반응을 합니다. 특히 자신의 재능과 가능성을 스스로 알아차리지 못한 사람과 이야기를 나눌 때 경보기가 종종 울립니다.

스스로의 가치를 상당히 낮게 평가하는 사람이 이 세상에는 매우 많은 것 같습니다. '나는 안 돼', '나는 못 해'라고 생각하는 사람을 보면 나는 이런 말을 하고 싶어집니다.

"당신은 자신에 대해서 그런 식으로 단정 짓고 있지만, 그것을 한번 의심해보면 어떻습니까?"

해보고 안 되는 것이라면 몰라도, 하기 전부터 안 될 거라고 생각한다면 그것은 단지 착각에 불과합니다.

가끔씩 남을 의심하는 것과 마찬가지로, 자신을 의심해보는 것도 중요합니다. 당신은 당신이 알고 있는 것보다 능력이 훨씬 더 클지도 모르기 때문입니다.

CHANGE
09

표현하다

어필을 잘하고
있습니까?

나를 다른 사람에게 이야기하는 게 부끄럽나요?
더 이상 부끄러워하지도 쑥스러워하지도 마세요.
당당히 자신을 드러낼수록 운의 사랑은 커집니다.

평소 남들이 당신을 어떻게 보는지 의식한 적이 있습니까?

헤어스타일, 복장 등 외모를 말하는 것이 아닙니다. 이야기를 나눌 때 화제를 어떻게 선택하는지, 어떤 취미를 즐기고 기호는 어떤지, 일에 대한 사고방식이나 대처 방법, 주변 사람을 대하는 태도는 어떠한지 등을 말합니다. 다시 말해 당신이라는 인간이 남의 눈에 어떻게 비춰지고 있는지, 그것이 '이런 식으로 비춰졌으면 좋겠다'라는 당신의 바람과 오차는 없는지를 생각해본 적이 있는지를 물어보는 것입니다.

사실 '남들은 나의 이런 면을 이렇게 보겠지?'라고 당신 스스로 판단하는 부분과, 남들이 실제로 보는 당신은 매우 다를 수 있습니다. 그리고 '이런 면은 남들이 꼭 알아주면 좋겠다'고 생각하는 부분을 남들은 의외로 못 볼 수도 있습니다. 그렇기 때문에 '나는 이런 사람입니다', '이런 식으로 이해해주시길 바랍니다'라는 바람을 좀 더 드러낼 필요가 있습니다.

나는 어떠한 사람이고, 무엇을 좋아하고 혹은 무엇을 싫어하는지, 무엇을 바라고 무엇을 바라지 않는지를 확실히 주변에 알림으로써 자신이 원하는 것을 손쉽게 얻을 수 있고, 원치 않는 것이 다가오는 것을 막을 수도 있습니다. 참으로 간단한 일인데, 사람들은 이 간단한 것도 하지 않고 "남들은 나를 알아주지 않아"라는 말을 종종 합니다. 겸손과 겸양이 미덕인 문화의 탓도 있겠지만, 외국 사람들에 비해서 우리나라 사람들은 남에게 자신을 표현하는 것이 서툰 게 사실입니다.

자신을 남에게 표현하는 것, 그것을 영어로 '어필(appeal)'이라고 하죠? 자신에 대해서 과장되게 말하거나 하지 못하는 것을 할 수 있다고 말하는 것은 문제지만, 자신의 취미나 관심을 주변에 어필하는 것은 당신을 위해 좋은 일입니다.

특히 주변 사람들이 당신에 관한 정보를 공유하는 것은 좋은 기회를 얻을 수 있다는 점에서 아주 중요합니다. 예를 들어 평소 "이글스('Hotel California'를 부른 밴드로 1970년대~2010년대에 활동했다)를 좋아합니다"라는 말을 주변 사람들에게 해왔다면 주변의 누군가가 이글스의 콘서트 정보를 알려줄지도 모릅니다. 어쩌면 "콘서트에 같이 갈래요?"라는 제안을 받을 수도 있고요. 누군가가 콘서트 주최자와 사이가 좋아서 VIP석의 티켓을 손에 넣을 가능성도 있어요.

어필을 한다는 것은 운을 불러 모으는 비결 중 하나입니다. 나는 작년(2010년. 이 글은 2011년에 쓰여졌다)에 모나코 왕자의 친구가 초대를 해서 그의 개인 전용기로 F1(formula 1. 포뮬러 자동차 경주 중 가장 높은 자동차 경주 대회)의 아부다비 그랑프리를 관전하러 가기로 되어 있었습니다. 그런데 갑자기 매우 중요한 일이 생겨서 어쩔 수 없이 그 초대에 응할 수 없게 되었습니다. 고민 끝에 나 대신 모델 미카를 추천했습니다. 모나코 왕자와 함께 가는 자리인 데다 현지에서 VVIP와 함께 지낼 일이 많아질 것이므로 아무나 보낼 수 있는 상황이 아니었습니다. F1을 좋아하는 것은 물론 영어도 능숙하게 할 줄 알아야 하고, 화려한 자리에서도 당당할 배짱과 경험이 있고, 어느 정도의 윤택한 생활을 해본 사람이 아니면 그들과 함께 이야기를 나눌 수 없고 대화 내용도 이해할 수 없을 테니까요. 그래서 평소 하는 이야기나 나에게 어필해온 이미지 등을 고려해서 미카 씨를 발탁한 것입니다.

결과적으로 그 결정은 매우 탁월한 선택이었습니다. 미카는 F1 운영조직의 CEO인 바니 에클스톤과 중동제국의 국왕 클라스와 당당히 논쟁을 벌였는데, 석유관계의 합동 사업 이야기까지 나왔을 정도라고 합니다.

그 후에 "나도 사실은 F1을 좋아하고 잘 안다", "아라비아 말을 잘하니까 내가 갔어도 분명히 이야기가 잘 풀렸을 것이다", "아부다비에서 사업을 할 계획이어서 내가 갔으면 좋았을 텐데"라고 말하는 사람이 무척 많았지만, 그들은 평소 나에게 그런 점을 어필하지 않았기 때문에 안타깝게도 기회를 얻지 못하게 된 것입니다.

어떻습니까, 당신도 주변 사람들에게 자신을 좀 더 어필하고 싶지 않습니까?

CHANGE
10

받아들이다
무엇이든 있는 그대로
보는 연습을 한다

직감으로 모든 일을 판단하면
잘못된 선택을 하기 쉽습니다.
일단 있는 그대로를 보고 받아들이세요.
판단은 그 후에 해도 늦지 않습니다.

나는 나의 직감을 어느 정도 자신합니다. 직감 덕분에 도움을 받거나 커다란 기회를 손에 넣은 적도 있습니다. 탑승 직전에 비행기 편을 변경했더니 원래 타기로 되어 있던 비행기에 문제가 생겨서 그 비행기의 이륙이 몇 시간이나 지체되었던 경우도 있었고, 숙박할 호텔을 변경했는데 그 호텔 옆방에 전부터 만나고 싶었던 디자이너가 묵고 있어서 새로운 일이 성사된 것 같은 경험을 여러 번 했습니다.

　그렇다고 해서 내가 항상 직감으로만 사는 것은 아닙니다. 오히려 그 반대입니다. 직감이 꽤 좋다고 생각하지만 일할 때만큼은 '모든 것을 있는 그대로 보고 내 안에 받아들이고 나서 판단한다'는 철칙에 따릅니다. 직감을 과신하면 안 좋은 결과로 되돌아온다는 것을 알기 때문입니다.

그래서 어떤 일이든 처음이나 도중에 결정을 해버리거나 이상한 편견에 의지하지 않고, 마지막까지 보거나 들어본 후에 판단합니다. 지금의 사업을 시작할 때도 '일단은 받아들인다'라는 철칙이 매우 도움이 되었습니다. 아니, 도움이 되는 것을 넘어서 그 철칙 덕분에 지금의 내가 있다고 해도 과언이 아닙니다.

아주 오래 전, 친구에게서 이 사업 이야기를 듣고 자세한 설명회가 있다고 해서 함께 간 그곳에서 너무 놀라 말문이 막혔던 일을 지금도 기억하고 있습니다. 넓은 홀 가운데에 있었던 청중들은 거의 대부분 여성이었습니다. 한눈에 보아도 남자는 나 하나여서 '이거 큰일인데! 안 되겠어, 내가 할 일이 아니야, 빨리 돌아가자' 그렇게 생각하고 나가려다가 나 자신에게 물어보았습니다.

'잠깐만. 한 번에 결정하는 건 아니잖아. 우선 이야기를 들을 만큼 듣고 나서 판단해야 하지 않을까? 거절한다 해도 거절할 이유를 만들려면 우선 끝까지 들어야 해.'

그렇게 생각하고 끝까지 설명회를 들었습니다. 그리고 깜짝 놀랐습니다. 내가 예측했던 것과 전혀 다른, 커다란 가능성을 가진 사업이라는 것을 알게 된 것입니다. 그것은 분명히, 일방적으로 단정 짓지 않고 일단 받아들이고 나서 판단한 나에게 운이 편을 들어준 순간이었습니다.

옷을 살 때 입어보지 않으면 나에게 어울리는지, 사이즈는 맞는지를 알 수 없습니다. 간혹 '옷을 입어보면 사야 할 것 같아서 굳이 입어보지 않고 산다'는 사람들이 있는데, 그럴 필요가 전혀 없습니다. 그 옷을 입어보지 않으면 거절할 수가 없기 때문입니다. 입어보고 나서 사고 싶지 않다면 점원이 아무리 "손님, 잘 어울리세요"라고 칭찬을 해도 "생각했던 것보다 별로 안 어울려요", "색이 얼굴하고 안 맞아요", "뚱뚱해 보여요", "길이가 조금…" 등 거절할 이유를 얼마든지 만들 수 있습니다. 그러니 당신에게 어떤 일이나 판단할 것이 닥치면 상황을 있는 그대로 보고 일단 받아들이세요. 받아들이지 않으면 기회도 놓치게 됩니다.

포장된 상자가 10개 있을 때 안에 무엇이 들어 있는지는 열어보지 않으면 모릅니다. 열어보기도 전부터 상자 크기나 모양, 포장지나 리본 색 등으로 유추해 '이 안에는 분명 좋은 게 들어 있을 거야' 혹은 '안 좋은 게 있을 거야' 하고 선택하면 원했던 선물을 받을 기회를 버리는 것과 같습니다.

10개의 상자를 전부 열어보고 나서 판단하면 마음에 드는 선물을 고를 수 있는데 말이지요.

자신의 직감을 너무 믿지 맙시다. 판단은 맨 마지막에 하는 것입니다.

CHANGE
11

놀다
당신은 잘 놀고 계십니까?

일을 열심히 하고 나면 신나게 노세요.
잘 노는 사람이 일도 잘합니다.
그리고 인생도 순조롭게 풀립니다.

사업상 해외에서 오신 분들을 만날 기회가 많은 나는 우리나라 사람들과 해외에서 오신 분들의 차이를 몸소 느낍니다. 그중 하나가 '놀 줄 아는 능력'입니다.

　우리나라 사람들은 대부분 사회생활을 시작하면 놀 줄 아는 능력이 퇴보하는 것 같습니다. 학창시절보다 놀 수 있는 시간이 분명히 줄어들기는 합니다. 하지만 '스스로 놀자', '즐기자', '일에서 벗어나는 시간을 가지자'라는 생각만 한다면 얼마든지 잘 놀 수 있다고 생각합니다.

　내가 잘 놀라고 제안하는 이유는 노는 것이 그 무엇보다 재미나고 즐거울 뿐만 아니라 몸과 마음에 매우 좋기 때문입니다. 평소 일에 치여 사는 사람일수록 어쩌다 놀면 재충

전이 되어서 일도 순조롭게 잘 풀립니다. 일을 하기 때문에 즐거운 것이고, 놀 수 있는 것도 일이 있기 때문입니다. 균형의 문제지요.

놀거나 즐기기를 잘하는 사람은 대부분 사람들에게 인기가 많습니다. 일 이외의 정보를 많이 가지고 있으면 다른 사람들이 즐거워하고 흥미를 가지거나 의지하거나 소중한 사람으로 생각할 수 있기 때문입니다. 일은 전혀 못하면서 놀이 정보만 많으면 곤란하겠지만, 일을 확실히 하면서 독특한 놀이 정보나 경험까지 풍부하면 남들에게 인정받아 일이 더 잘되는 경우가 많습니다.

20년 이상 잡지 〈빅 코믹 오리지널〉에 연재되었고 책으로도 출간된 인기 만화 《낚시바보 일지(釣りバカ日誌)》의 주인공 하마짱을 떠올린다면 이해하기 쉬울 것입니다. 《낚시바보 일지》는 구제불능 사원인 하마짱이 낚시라는 취미 덕분에 우연히 회사 사장과 사이가 좋아지고 우정을 쌓아가는 내용으로, 하마짱이 일으키는 여러가지 소동을 그렸습니다. 그런데 현실에서도 비슷한 일이 벌어집니다.

예를 들어 예체능 특기처럼 성적과 관계없이 수험생의 특기를 근거로 입학전형을 마련한 대학이 몇 곳이나 있습니다. 내 지인 중 한 사람은 입사시험 면접에서 취미가 무엇이냐는 질문을 받고 "농구입니다. 특히 NBA를 좋아합니다"라고 답했는데, 농구와 NBA를 죽을 만큼 좋아하는 그 회사 사장의 마음에 들어서 입사가 결정되었습니다. 다른 지인은 대학 시절에 요트를 했는데, 출판사 면접 때 그 사실이 사장의 귀에 들어가면서 바로 그 자리에서 합격이 내정되었다고 합니다. 마침 다음에 해야 할 일이 요트를 타고 취재하는 일이었거든요. 물론 이 두 사람은 일도 잘합니다.

놀이는 주변 사람들에게 기쁨을 주고, 자신에게는 운을 줍니다. 일도 잘하고 놀기도 잘해 같이 있으면 즐거운 에너지를 발산하는 사람들, 단순한 놀이의 틀을 뛰어넘어 '플러스 알파'가 더해지는 '즐기는 법'을 아는 사람들의 주변에는 자연스레 사람이 모이기 때문에 분명히 운도 지나가다 들를 것이라고 생각합니다.

그러고 보니 나는 종종 즐겁게 놀다가 생각지도 않은 기회를 붙잡은 경우가 있습니다. 내가 머무르고 있던 호텔에 우연히 유명 기업의 사장님이 묵고 있었는데, 풀장에서 만나 대화를 하다가 함께 일을 하게 된 적도 있고, 레스토랑에서 식사를 하는데 옆자리에 내가 너무도 좋아하는 연예인이 있어서 찾아가 인사를 하고 이야기를 하다가 우리 회사의 이벤트에 출연하게 된 적도 있습니다.

나는 지금 큰 놀이를 계획하고 있습니다. 7월에 친한 친구 250여 명과 함께 전 객실에 욕조가 있는 올 스위트룸을 자랑하는 '실버윈드'라는 호화 여객선을 통째로 빌려서 2주간 지중해 크루즈에 갈 예정입니다. 모나코에서 시작해 아말피, 살데니아 등지를 방문하고, 기항지인 피렌체에서는 우피치미술관을 빌려서 파티를 합니다. 이런 식으로 좋아하는 일을 하며 즐겁게 일하고, 친구들과 즐겁게 놀 수 있는 시간과 자유를 가진다는 것은 최고의 기쁨입니다.

다음에는 또 어떤 일이 일어날까 기대하며 저는 항상 놀고, 일하고 있습니다.

CHANGE
12

———

깨닫다
깨달음은 관심과 호기심에서 시작된다

———

주변에 관심과 호기심이 많으면 다른 사람들이 보지 못하는 것을 보고
깨닫지 못하는 것을 깨닫는 힘이 길러집니다.
혼자는 편하지만 결코 당신에게 도움이 되지 않습니다.

남들이 무심코 지나치는 세심한 부분까지 신경 쓰는 사람, 눈치가 빠르다는 말을 듣는 사람, 특별히 사방을 두리번거리는 것도 아닌데 남들이 못 보는 여러 가지를 발견하거나 알아차리는 사람이 당신의 주변에도 있나요? 이런 사람들은 운이 특별히 좋아하는 사람들인 것 같습니다. 주변에 대해서 호기심이 왕성하고 관찰력도 있고 주의력도 있어서 아무리 작은 일도 그냥 지나치는 법 없이 "어? 잠깐만" 하고 멈춰서 생각을 합니다. 그리고 거기에서 무언가를 배웁니다.

　이런 사람들은 스스로 알아서 다양한 것을 깨닫습니다. 그리고 어떤 것이든 자기 것으로 받아들여 성장의 밑거름으로 삼습니다.

이 말을 듣고 "나도 그런 능력을 갖고 싶어요. 어떻게 하면 그렇게 될 수 있지요?"라고 묻는 사람들이 있습니다. 이 질문은 내가 친구나 지인으로부터 많이 받는 질문이기도 합니다. 그때마다 저는 "무언가 하나라도 흥미를 가지고 상대방이 기뻐할 것을 생각하세요"라고 대답합니다.

흥미와 호기심이 없어 주변 일에 무관심하고 신경조차 쓰지 않는 사람은 깨닫는 능력이 별로 없습니다. 인생은 많은 기회와 힌트와 배움으로 가득 차 있는데, 그 사실조차 모르고 아무것도 발견하지 못하는 딱한 사람들입니다.

순전히 나의 의견인데, 일을 그다지 잘하지 못하는 사람은 재능이나 기술이나 경험이 부족해서가 아니라 업무와 관련된 정보에 대한 호기심이 적고 일과 동료들에 대해 무관심하기 때문이라고 생각합니다. 자신이 지금 무엇을 하는지, 무엇을 위해서 그 일을 하는지, 일을 함으로써 어떤 결과가 나올 것인지에 흥미가 없으면 그 일은 잠깐 하다가 말 일이 되고 맙니다. 또 함께 일을 하는 동료에게 관심이 없으면 동료도 당신에게 무관심해집니다. 자신의 무관심이 그대로 화살이 되어 돌아오는 것입니다.

깨닫는 힘을 키우기 위해서
호기심과 관심 스위치는
항상 켜두세요.

동료에게 관심을 가지고 동료가 어떻게 하면 기뻐할까를 생각하지 않으면 좋은 결과로 이어지지 않습니다. 즉 정보도 오지 않고, 사람들도 모이지 않고, 무슨 일이 있을 때 편의를 기대할 수도 없습니다. 주변의 상황에 둔한 사람은 상황을 알아차릴 기회조차 주어지지 않습니다.

이에 반해, '알아차릴 준비'가 되어 있으면 사소한 단서로도 여러 가지를 알아차릴 수 있습니다. 때로는 상대방이 알아차리지 못했던 것을 알아차리고 그 사람의 성장을 돕는 경우도 있습니다. 그러면서 자신도 성장합니다. 다른 사람 일을 시시콜콜 알아보라는 게 아닙니다. 무리하지 않는 선에서 주변 상황에 관한 정보는 항상 모아두는 것이 좋습니다.

그러기 위해서는 호기심과 흥미를 가지고 질문을 잘해야 합니다. 남의 이야기를 멍하니 듣기만 해서는 질문할 수 없습니다. 그러니 누군가와 이야기를 할 때는 호기심의 안테나를 세우고 집중해서 들어야 합니다. '이 이야기가 끝나면 질문을 세 가지 정도 해야지' 생각하고, 호기심의 안테나에 걸려든 것에 대해서는 계속해서 질문하는 것입니다.

나의 경험상, 질문을 잘하는 사람은 성공할 확률이 높습니다. 인생은 그리고 일은 '사람을 아는 것'이 매우 중요하고, 상대에게 '당신에게 관심이 있습니다' 하고 어필하는 것이 중요합니다. 어필을 잘한다는 것은 '자신을 잘 안다'는 의미도 되기 때문입니다.

'깨닫는 힘'을 키우기 위해서도 호기심과 관심 스위치는 항상 켜두세요.

—

따라하다

모방은 인간만이 할 수 있는
대단한 감각

—

운은 모방을 통해 무언가를 배우는 것을 환영합니다.
그러나 단순히 남의 것을 베끼면
운은 당신에게서 멀리 도망칩니다.

일을 시작한 지 얼마 안 된 사람들에게 나는 "모방을 하세요"라고 조언합니다. 자신의 눈에 대단해 보이는 사람, 닮고 싶은 사람의 일거수일투족을 관찰하고 따라함으로써 다양한 경험을 하고 배울 수 있기 때문입니다. 가끔 "다른 사람을 따라하는 것은 썩 마음이 내키지 않아요", "나만의 독창성으로 승부를 내고 싶어요"라고 말하는 사람들을 만나는데, 할 수 있다면 그것도 상관없습니다.

그러나 자세히 보면 그 방면에 몇십 년 된 베테랑들도 독창적인 방식만으로 업적을 이룬 경우는 거의 없습니다. 독창성의 근원 혹은 토대가 되는 것, 자신의 아이디어에 영감을 받은 계기가 분명히 존재합니다. 만유인력의 법칙으로 유명한 아이작 뉴턴의 말 중에 '내가 좀 더 멀리 바라볼 수 있는 것은 거인의 어깨에 올라탔기 때문이다'라는 말이 있습니다. 뉴턴조차도 겸허하게 '거인의 어깨에 올라탔기 때문'이라고 말하고 있습니다.

아무것도 없는 곳에서 출발하더라도 우선은 표본이 필요합니다. 피아노를 배우고 있다면 선생님의 말과 행동을 따라하며 레슨을 받고, 일로 성공하고 싶다면 그 일을 훌륭히 해내는 사람의 방식을 공부하고 따라해보는 것이 가장 빠른 성공의 길임은 말할 필요도 없습니다.

기초실력이 쌓일 때까지는 따라하는 것 이외에는 좋은 방법이 없습니다. 기초실력이 쌓이면 그 후로는 자신만의 방식을 추구하면 됩니다. 원래 '배우다'라는 말은 '따라하다'라는 말에서 왔다고 하는데, 그렇기 때문에 따라하는 것은 자연스러운 행위인 것입니다.

아마도 '베끼다'와 '따라하다(모방하다)'의 경계가 애매모호하기 때문에 따라하는 것이 마음에 내키지 않는 사람들이 있을 것입니다. 그러나 이 두 단어는 전혀 다른 성격을 가지고 있습니다.

'따라하다(모방하다)'에는 노력이 있습니다. '모범안을 참

고로 스스로 기초를 만들어간다'는 의미이기 때문입니다. 한편 '베끼다'는 스스로 노력하지 않고, 어딘가에 이미 있던 것을 가지고 와서 새로운 안이나 부가가치를 거의 추가하지 않은 채 자신의 것인 양 활용하는 것을 말합니다. 이렇게 베낀 것은 진품보다 좋기는커녕 더 조악한 경우가 많습니다. 그런 일을 하면 운이 점점 멀리 도망을 가버립니다. 나로서는 너무 무서워서 도저히 할 수 없는 일입니다.

그러고 보니 항상 다양한 정보를 주는 나의 친구 야마우치 리에코가 요전에 가르쳐준 재미있는 이야기가 생각납니다. 전에 TV에 나왔다고 하는데, '모방'에 관한 인간과 침팬지의 이야기입니다.

인간에게 '모방'이라는 행동은 본능이라고 합니다. 그렇게 하는 것이 모든 면에서 발달과 향상이 빠르다는 걸 몸이 알고 있는 것이지요. 한편, 침팬지는 사람의 따라하는 것 같은 행동을 많이 하는데, 사실 그것은 그때그때 자신이 관심을 가진 것에 대해서 똑같이 움직일 뿐이라고 합니다. '모방'은 인간만이 할 수 있는 대단한 감각인 것입니다.

그러니 계속해서 따라합시다. 어차피 따라하는 것이라면 침팬지처럼이 아니라 인간에게 어울리는 모방을 합시다.

CHANGE
14

좋아지다

이것을 좋아하면 그 후에는
무엇이 기다리고 있을까?

좋아하는 일에 집중하면 성공할 수 있습니다.
당장 그 일을 시작할 수 없다면 지금 하는 일을 좋아하세요.
그 일이 당신이 성공하도록 발판이 되어줄 것입니다.

무언가를, 누군가를 좋아하는 것은 다양한 가능성의 문을 여는 열쇠입니다.

예를 들어, 내가 사업으로 성공한 것은 이 일을 좋아했기 때문이라고 말할 수 있습니다. 우연히 내가 좋아하는 일, 나에게 맞는 일임을 알아챘기 때문에 운이 내 편이 되어준 것 같습니다. 그래서 더욱더 '내가 그것을 좋아한다'고 생각하고 열심히 일했습니다. 그 결과, 동료들 모두가 놀랄 만한 결실을 이루어냈습니다.

나의 이야기를 그저 단순한 자랑이라고 치부하실까봐 지금부터 매우 중요한 이야기를 하겠습니다.

그것은 '당신도 나와 똑같이 큰 성공을 거둘 수 있다'는 것입니다. 나와 같은 사업을 할 필요는 없습니다. 당신이 좋아하는 일이면 됩니다. 그러나 당신이 좋아하는 일이 아니면 안 됩니다.

'좋아하는 일을 열심히 한다?', 너무 단순한 이야기 같지만 사업으로 성공하는 데 이 이상의 좋은 방법은 없습니다. 만일 지금 스스로 원하는 만큼의 성공을 거두지 않았다면 원인은 하나밖에 없습니다. 그 일을 정말로 좋아하지 않기 때문입니다.

사람은 자신이 좋아하는 것에 '집중'이란 것을 합니다. 엄마에게 혼이 나도 신경 쓰지 않고 TV에 몰두하는 초등학생, 마음에 쏙 드는 옷을 찾기 위해 피곤한 줄도 모르고 여러 옷가게를 헤집고 다니는 여성, 새로 출시되는 소프트게임을 남들보다 먼저 사기 위해 발매일 전날부터 판매소 앞에서 줄을 서는 게임 마니아들은 좋아하는 것에 집중할 줄 아는 사람들입니다.

좋아하는 것에 집중하는 사람들은 누가 부탁해서가 아니라 스스로 집중을 선택합니다. 누가 말려도 듣지 않습니다. 집중은 물건에 한정되지 않습니다. 좋아하는 사람을 떠올리면 이런저런 생각이 꼬리에 꼬리를 무는 것도 한 예입니다.

무언가를 좋아하면 그만큼의 열정이 생깁니다. 그 열정으로 일에 집중하면 성과가 나오지 않을 수가 없습니다. 만일 성과가 나오지 않는다면 그것은 그 일을 좋아하는 방식이 잘못되었음을 의미합니다.

만일 지금 하고 있는 일보다 좀 더 하고 싶고 애착이 가는 일이 있다면 그것을 해보는 것이 좋습니다. 이런저런 사정이 있어 당장 그 일을 시작하기가 어려울 경우에는 지금 하는 일을 좀 더 좋아해보세요. 해야만 하는 것을 좋아하게 되면 기쁜 일이 가득 찹니다. 집중을 하기 때문에 작업 속도가 빨라지고, 쓸데없는 잡념이 없어집니다. 그리고 자신의 중심이 좀처럼 흔들리지 않습니다.

지금 하는 일을 좋아하는 게 힘들다면 '내가 이것을 좋아하면 어떤 일이 생길까?' 하고 상상해보세요. 그러면 좋아지는 속도가 증가합니다. 그것을 좋아했을 때 어떤 보상이 뒤따를지를 분명하게 볼 수 있다면 비로소 행동하게 됩니다.

내 지인 중에 영어를 잘한다는 이유로 총무직에서 갑자기 해외번역 담당으로 부서를 이동하게 된 여성이 있습니다.

두 부서의 업무 성향이 전혀 다른 데다 옮긴 부서에는 잡다한 업무가 많아서 첫 1년은 주말도 제대로 쉬지 못하고 일을 했다고 합니다. 총무부에서는 잔업이 거의 없고 휴가도 받기 쉬워서 해외여행을 종종 갔었던 그녀로서는, 해외번역 부서의 일이 참을 수 없는 상황이었던 것입니다. 회사를 그만두는 것도 생각해봤다고 합니다. 그런데 어느 순간 그녀는 생각했습니다.

'정해진 업무 외의 것까지 많이 알게 되면 해외출장도 갈 수 있겠지? 그러면 회사 돈으로 해외 여행을 갈 수 있어. 그때쯤이면 슬슬 일에 적응될 테니까 휴가도 잘 받을 수 있을 것이고. 거기다 전문 부서라 월급도 조금 더 올랐으니 전에 있던 부서보다도 여행의 기회가 늘어날지도 몰라.'

그 모습을 상상하니 그녀의 마음속에 스위치가 켜졌답니다. 그 후로 그녀는 일에 열정을 불태웠고, 지금은 자신이 꿈 꾼 모습대로 살고 있습니다.

그녀처럼, 해야 하는 일을 망설임 없이 재빨리 좋아하는 것이 절대적으로 당신에게 이득입니다.

계속하다

꾸준함 뒤엔 달콤한 보상이
기다리고 있다

좋아하는 일이 있다면 지치지 않고 제 갈 길 가는
달팽이처럼 꾸준히 오랫동안 하세요.
한 가지 일을 꾸준히 하면 즐거움이 커지는 것은 물론
다른 사람들에게 큰 도움을 줄 수도 있습니다.

당신은 무언가 꾸준히 하는 일이 있습니까? 내 친구나 지인 중에는 학창시절부터 지금까지 몇십 년 동안 일기를 쓰는 사람도 있고, 외국 친구와 펜팔을 하는 친구도 있고, 회사에 입사한 뒤로 지각이나 무단결근을 한 번도 하지 않은 사람도 있고, 오랜 기간 동안 유화를 취미로 해온 사람도 있습니다.

　나는 테니스를 꾸준히 하고 있습니다. 프로선수가 되기 위해서도 시합에 나가기 위해서도 아닙니다. 전문적인 훈련을 받지도 매일 연습을 하지도 않습니다. 그저 어릴 적부터 테니스라면 하는 것도 보는 것도 매우 좋아했기 때문에 시간을 내서 친구와 즐겁게 경기를 하고 있습니다. 최근에는 건강관리를 위해 더 열심히 하고 있습니다.

취미도 일도 꾸준하지 않은 사람을 가끔 봅니다. 그들 중에는 살아오면서 뭐든 꾸준히 해본 적이 없거나, 원래 싫증을 잘 내는 사람들이 대부분입니다.

무언가를 시작하는 것은 그것만으로도 대단하고, '계속한다'는 것은 상당히 어려운 일이라는 사실을 잘 알고 있습니다. 그렇기 때문에 관련 책들이 많이 나오고 또 많이 팔리는 것이겠지요. 그렇더라도 나는 당신이 이왕 시작한 것은 끝까지 해내면 좋겠습니다.

무슨 일이든 꾸준히 하려면 빈도에 신경을 써야 합니다. 나는 기껏해야 1주에 한두 번 정도 테니스를 치고, 스케줄이 빡빡한 기간에는 테니스를 치지 않는 등 부담 없이 테니스를 즐깁니다. 만일 매일 일기를 쓰듯 테니스를 쳐야 했다면 도중에 포기했을지도 모릅니다. 할 수 있다면 매일 하는 게 좋지만, 처한 상황을 고려하며 자신에게 맞는 페이스로 하는 것이 무엇보다 중요합니다.

'꾸준히 하는 것'을 목적으로 하지 않는 것도 중요합니다. 자세히 말하면, 꾸준히 했을 때의 목표 혹은 '이것을 계속하기를 잘했다고 생각할 만한 일이 나를 기다리고 있다'고 스스로 믿어야 합니다. 나처럼 단순히 취미로 즐기는 것이면 몰라도, 일이나 자기 자신을 위한 도전이라면 더더욱 포기하지 말고 계속해야 합니다. 무슨 일이 있어도 어떤 일이 있어도 계속한다면 엄청난 결과를 분명히 만날 수 있을 것입니다.

당신은 반드시 계속하는 즐거움, 무슨 일이 있어도 계속해야 하는 사명이나 미션을 발견하기를 바랍니다. 만일 그 사명이나 미션이 누군가에게 도움이 되는 것이라면 금상첨화입니다.

일본의 SF 작가 마유무라 타쿠 씨는 대장암으로 1년이라는 시한부 인생을 선고받은 아내를 즐겁게 해주기 위해 매일 한 편의 단편소설을 썼다고 합니다. '웃으면 면역력이 올라간다'는 이야기를 의사에게 듣고부터인데 그 양이 1778편의 이야기, 5만 페이지에 이를 정도로 방대했다고 합니다. 마유무라 씨의 마음이 전해졌는지, 1년 시한부 인생을 선고받은 아내는 5년 넘게 살다가 마지막 날을 맞이했다고 합니다.

나의 취미는 마유무라 씨의 소설 쓰기처럼 대단하지는 않습니다. 하지만 콜로세움에서 시합을 개최해 고조된 분위기를 친구들과 한껏 즐기거나, 테니스 경기로 자선사업을 하는 등 내가 할 수 있는 범위 안에서 누구에게든 도움이 되려고 노력하고 있습니다. 또 시합을 보러 가는 기회도 늘어서 2010년에는 호주, 프랑스, 영국, 미국 등 4대 토너먼트의 준결승 이상의 경기를 모두 관전했습니다. 앞으로도 테니스를 계속해나갈 나에게 어떤 일이 기다리고 있을지를 생각하면 가슴이 설렙니다.

LET GO ⸺

버린다

당신이 기다릴 수 있는 것 이외의 것은
기다릴 수 없습니다.
이런 간단한 진리조차도
우리는 때때로 잊어버립니다.
하지만 괜찮습니다.
다시 생각해내면 되니까요.
필요 없는 것은 손에서 놓읍시다.
감사한 마음과 고맙다는 말과 함께.
새로운 무언가를 맞이하기 위해.

LET GO
16

결정한다
결정은 자신과의 약속

지금의 삶은 당신의 작은 결정들이 만들어낸 결과입니다.
이제부터라도 결정에 신중하세요.
그리고 결과가 어떻든 자신이 한 결정임을 잊지 마세요.

"가오루 씨는 결정이 매우 빠르네요."

이것은 내가 주변 사람들에게 많이 듣는 말 중에서 베스트 3에 들어가는 말입니다. 나 스스로도 무언가를 결정할 때 빠른 편이라고 인정합니다. 결단을 해야만 할 때 그것에 매우 집중하기 때문에 판단에 망설임이 없습니다.

그런데 어떤 일이든 결정을 못 내리는 사람이 의외로 많은 것 같습니다. 요전에 친구들과 레스토랑에 식사를 하러 갔다가 희한한 광경을 봤습니다. 옆 테이블 사람들이 우리보다 훨씬 전에 온 것으로 알고 있는데, 우리가 주문을 마치고 마실 것이 왔을 때까지도 여전히 메뉴를 결정하지 못하고 있었습니다. 내가 집으로 가는 길에 택시 안에서 "우리

옆 테이블 사람들 정말 메뉴 결정을 못 하더군" 하고 말하자 친구가 이렇게 대답했습니다.

"그런 사람들 종종 있어요. 저도 옛날에는 그랬거든요. 내가 선택한 음식이 맛있지 않거나, 생각했던 맛과 다르면 어떻게 하나 걱정했지요. 사실은 3,000엔짜리 스테이크를 먹고 싶은데, 혹 선택을 잘못할 경우를 생각해서 '여기에서는 돈을 절약해 1,200엔짜리 치킨소테를 먹을까' 하고 고민했어요. 지금 생각해보면, 잘못된 선택 때문에 손해를 보고 싶지 않아서 그랬던 것 같아요."

그럴 수도 있겠구나 싶었습니다. 예산은 정해져 있는데, 생각했던 것과 다른 맛이면 곤란하지요.

하지만 나라면 조금 다르게 행동했을 것 같습니다. 아마 웃으면서 '뭐야 이거, 내가 생각한 거랑 전혀 다르잖아' 하고 말 것입니다. 만일 음식이 그 가게의 추천 메뉴라면 '이 집은 이런 걸 추천하는구나. 이 가게 대단한데' 하고 웃어넘길 것입니다. 그 이상 추궁하지도 충격을 받지도 않습니다. 그렇기 때문에 마음에 담아두지도 않습니다.

이렇게 뒤끝이 없을 수밖에 없는 이유는 '그 결정은 내가 한 것'이라고 확실히 인지하고 있기 때문입니다. 스스로 고

르고 정했다는 것은 '이것이 최고라고 생각해 이것으로 정했으니 나중에 후회하지 않는다'라고 자신과 약속한 것과 다름없습니다. 만일 다른 사람에 의해서 결정된 일이라면 '왜 이런 것을?' 하고 불만이 생기겠지만, 자신이 결정한 것에 대해 나중에 이렇다 저렇다 말하는 것은 반칙입니다. 게다가 무언가를 정할 때 망설이는 것은 시간 낭비이고, 그로 인한 손실이 더 큽니다. 나를 포함해 시간의 가치를 이해하는 사람들은 망설이지도 않고 후회도 하지 않습니다.

자신의 결정에 자신을 가집시다. 어떤 일이 일어나든 '내가 결정한 결과'라고 항상 의식합시다.

인생은 자신의 결정에 의해 만들어집니다. 나중에 후회하는 결정이 아니라, 빠르고 정확하고 후에 더 크고 넓게 전개될 '좋은 결정'을 해나가야 합니다. 매일의 작은 결정의 종착지는 '바로 오늘'이라고 생각하고, 시시한 결정은 그만하도록 자신을 훈련시켜나가는 것이 중요합니다.

선택하다

그동안의 선택이
지금의 나를 만들었다

티끌이 모여서 태산이 되듯
작거나 큰 선택들이 모여서 지금의 당신을 만들었습니다.
앞으로의 인생, 어떤 선택들로 이끌어갈 건가요?

영어 속담 중에 'You are what you eat'이 있습니다. 직역하면 '당신이 먹은 것이 바로 당신이다'지만, 풀어보면 '당신은 지금까지 당신이 먹은 음식의 집대성. 무엇을 먹느냐가 인생과 건강을 결정한다'는 뜻입니다. 이와 비슷한 비유인데, 나는 항상 '인생은 무엇을 선택하고 누구와 만나느냐가 결정한다'고 말합니다.

특히 무엇을 선택하느냐가 중요합니다. 내가 결정할 수 있기 때문입니다. 지금까지 당신이 선택해온 것들의 집대성이 현재의 당신입니다. 그러니 자신에 관한 일이라면 어떤 선택이든 진지하게 해야 합니다. '이 정도면 됐지'가 아니라, '바로 이거야!' 하는 마음으로 결정해야 합니다.

무언가를 선택하는 것은 그것을 제외한 나머지를 모두 버리겠다는 뜻이기도 합니다. 그래서 어느 정도 용기도 필요합니다. 이때의 용기는 인생에 절대적으로 필요한 용기로, 잘못된 선택을 했을 때도 힘을 발휘합니다.

자신이 앞으로 어떤 모습이 되고 싶고 무엇을 추구할지를 확실하게 알지 못하면 잘못된 선택을 할 가능성이 큽니다. 하지만 괜찮습니다. 선택이 잘못됐다는 사실을 알고 나면 다시 바꾸면 되니까요. 선택할 용기가 있는 사람이라면 기존의 선택을 바꾸거나 손에서 놓아버리고 새로운 선택을 할 용기 또한 있을 테니까요. 반대로, 선택을 하지 못하는 사람은 선택하지 않은 나머지를 버리지도 못하고 기존의 선택을 바꾸거나 손에서 놓지도 못합니다.

선택을 할 때 주의할 점이 있습니다. 바로 '내게 맞는 최적의 선택을 해야 해'라는 태도입니다. '최적의 선택'에 초점을 맞추면 선택의 난이도가 껑충 뛰어오르게 됩니다. 그런데 선택한 것이 당신에게 최적인지 아닌지는 나중에 깨닫는 경우가 많습니다. 그러니 일단은 선택 자체를 우선으로 여깁시다. 그리고 수많은 선택을 재빨리 하는 연습을 함으로써 선택하는 능력을 평소에 연마합시다.

우리의 매일은 작은 선택의 연속입니다. 직장에서나 가정에서나, 인간관계나 연애를 할 때나 거의 모든 상황에서 선택을 하게 됩니다. 선택은 자신을 위해 하는 것이니 '객관'이 아닌 '주관'으로 결정해야 합니다.

내 친구 중에 40대의 독신 여성이 있는데, 그녀는 언제나 "전 항상 남자를 잘못 골라요. 보는 눈이 없나 봐요. 좋은 사람이구나 생각해서 막상 사귀면 어딘가 꼭 문제가 있는 사람들뿐이더군요" 하고 말합니다. 하지만 보는 눈이 없다고 해도 그녀 스스로 좋아서 선택한 사람이니 어쩔 도리가 없습니다. 다른 사람들이 뭐라고도 할 수 없는 것이, '이 사람이라면 그녀를 행복하게 해주겠지' 하는 남성도 정작 그녀가 관심이 없으면 아무 소용이 없기 때문입니다.

주관으로 결정하지 않으면 자신의 인생임에도 타인의 인생으로 살게 됩니다. 그래서 선택하는 능력이 중요한 것입니다.

LET GO
18

버리다
내 인생의 주인공은 나

그동안 쌓아두었던 물건, 정리하지 못한 인간관계,
마음속에 깊이 박힌 쓸데없는 감정은 모두 버립시다.
그것들을 버려도 인생이 퇴보하는 일은 없습니다.

최근 '버리다'를 테마로 한 책들이 많이 나오고, 게다가 잘 팔린다고 합니다. 이 경우에 '버리다'는 주로 물건을 버리고 정리하고 심신이 모두 깨끗해지는 생활을 하자는 의미입니다.

버리는 것은 인생에서 아주 중요한 일입니다. 버리지 않으면 모든 것이 늘어나기만 합니다. 보관해둘 장소가 무한하다면 개수가 늘어나도 불편함이 없겠지만, 사실 그럴 수 있는 사람은 없습니다.

게다가 오래된 물건이나 필요 없는 물건이 쌓여 있으면 나중에 물건이든 사람이든 자신에게 정말로 필요한 것이 눈앞에 있을 때 제대로 받아들일 수가 없습니다. 멜론을 보고 '저 멜론을 먹고 싶다'고 생각했는데 오른손에는 바나나, 왼

손에는 사과를 가지고 있는 상황이라면 둘 중 어느 손인가는 비워야 하는, 다시 말해 어느 한 쪽은 버려야 멜론을 먹을 수 있습니다.

버리는 데는 용기가 필요합니다. 아직 쓸모가 있는 것을 버리자니 아깝고 아쉬운 마음에 망설이기 일쑤입니다. 필요하지 않은 것이라는 사실을 알지만 계속 가지고 있고 싶다는 미련이나 집착 때문에 버리지 못할 수도 있습니다. 특히 아직 상태가 멀쩡해 계속 사용할 수 있거나 추억이 담긴 것, 쓰기가 아까워서 보관해둔 것 등은 '아까워서 버릴 수 없다'고 생각하는 것이 인지상정입니다.

그런 마음을 나도 잘 압니다. 나도 얼마 전까지 '아깝다'라는 말을 연발하며 버리지 못하는 사람이었기 때문입니다. 그러나 어느 순간 그 생각이 백팔십도 바뀌었습니다.

우리 집 거실에서 일어난 일입니다. 테이블 위에서 작업할 일이 있었는데, 막상 작업하려고 보니 CD와 DVD, 잡지와 사진첩, 아끼는 식기 등이 너무 많이 쌓여 있어서 작업 공간을 낼 수 없었습니다. 그것들을 버려야겠다고 생각했습니다. 그런데 그 순간 나온 것입니다. '아깝다'는 생각 말입니다. 그다음 순간에는 이런 생각이 들었습니다.

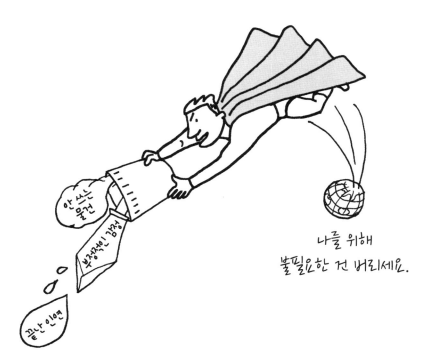

나를 위해
불필요한 건 버리세요.

'아까워서 다 쌓아두는 것과 내가 쾌적하게 사는 것, 어느 쪽이 더 중요하지? 주인공이 누구지?'

CD나 DVD, 사진첩도 맨 처음에는 내가 즐겁게 살기 위해 산 것이었습니다. 내 마음에 들어서 산 것이라 당연히 애착이 갑니다. 여행지에서 산 것이라면 여행의 추억도 담겨 있습니다. 하지만 그것이 지금 내가 일을 하는 데 방해가 되고 있다는 것은 그들이 내게 해줄 역할이 끝났음을 의미합니다. 이제 손에서 놔줄 시기가 온 것입니다. '지금까지 고마웠다'라는 감사의 마음으로 버리던지, 갖고 싶어 하는 사람에게 주던지 해야 합니다.

'언젠가 또 사용하겠지'라고 생각할지도 모르겠습니다. 하지만 그 '언젠가'는 두 번 다시 오지 않을 것이라 자신합니다. 물론 자원 낭비를 하는 것은 좋지 않은 습관이지만, 그렇다고 '아깝다'라는 인정에 너무 얽매이는 것도 자신에게 도움이 되지 않습니다.

사람도 마찬가지입니다. 사귀던 사람과 헤어지는 것은 그 사람이 당신에게 해줄 역할이 끝나 이제 당신 앞에서 사라질 시기가 왔다는 의미입니다. 예전에 자주 일하던 거래처와 이제 그다지 일을 안 하게 되는 경우가 대표적이지요. 일절 만나지 않는다고 인식하는 것과 '역할이 일단 끝났다'고 인식하는 것은 매우 다릅니다.

감정도 마찬가지입니다. 필요 없는 감정이나 생각을 빨리 버리는 것은 살아가면서 매우 중요합니다. 분노와 슬픔, 질투, 누군가를 향한 집착이나 미련 등은 용기를 내서 미련 없이 버립시다.

무언가를 버리지 못하는 것은 살아가면서 그것에 초점을 맞추느라 정작 자신을 외면하며 살았다는 것을 의미합니다. 항상 자신이 주인공이라는 사실을 잊지 말고 '내가 최고로 살아가기 위해서 이것들이 정말 필요한가'를 생각하며 살아갑시다.

LET GO
19

———

리셋하다
우유를 마신 컵으로
맥주를 마실 수는 없다

———

특정 상황에 얽매이거나 좋지 않은 감정을 쌓아둔 사람에게
운은 편을 들어주지 않습니다.
그러니 반드시 상황과 감정을 정리하세요.
그리고 리셋하세요.

"가오루 씨는 어쩌면 그렇게 상황 전환을 잘합니까?"

"무언가 실수했을 때 고민하거나 후회하지는 않습니까?"

이 말들도 내가 자주 듣는 말 중의 하나입니다. 나도 인간이기 때문에 실수도 하고 반성도 합니다. 단지 그것에 관해서 계속 고민하거나 되씹지만 않을 뿐입니다. 고민하고 되씹을 시간에 사건을 처리하고, 그 후에 상황을 어떻게 전개해나갈지를 생각합니다.

당신은 어떤가요? 소중히 여기던 무언가를 잃어버리거나 망가뜨리면 어떻게 행동하나요? '조금 더 확실하게 관리해두었으면 좋았을 텐데' 후회하고, '왜 그렇게 하지 않았을까?'를 생각하며 자신을 꾸짖거나 누군가를 탓하거나 한숨만 쉬고 있지는 않나요?

지금 여기에, 당신이 좋아하는 커피잔이 있다고 가정해봅시다. 이것이 바닥에 떨어져 산산조각이 나면? 나는 아마 '으악!' 하고 소리를 지른 뒤에 한숨을 쉬거나 고민하지 않고 깨진 잔 조각들을 정리할 것입니다. 어떻게 그럴 수 있냐고요?

소리를 지른 순간 내 안에서는 '컵이 깨졌다'로 상황을 처리해버립니다. 물론 아끼는 커피잔이라 충격을 받겠지만, 한숨을 쉬거나 아우성을 질러도 깨진 잔이 원래 상태로 돌아갈 리 없다는 걸 잘 알기 때문입니다.

여기에서 중요한 것은 '잔이 깨졌다. 깨진 것을 확실히 보았다'라고 스스로에게 몇 번이고 확인시키는 것입니다. 그렇게 잔이 깨졌다는 상황을 받아들임으로써 그 상황에 대한 감정을 정리할 수 있습니다.

만일 부서져버린 것이 물건이 아니라 인간관계였다면 오히려 운이 좋은 것입니다. 복구할 여지가 있고, 당신이 어떻게 대응하느냐에 따라 깨지기 전보다 더 공고히 인간관계를 구축할 수 있기 때문입니다. 특히 일을 하다 실수를 해서 거래처나 상사를 화나게 했을 때는 즉시 대처해야 합니다. '제

잠들기 전 리셋!
내일이 새로워집니다.

가 여러 가지로 부족해서 죄송합니다'라는 마음을 가능한 빨리 그리고 성의 있게 표현하는 것입니다. 즉시 대처하지 않고 꾸물거리거나 성의를 보이지 않으면 결국 자신 안에 후회가 남습니다. 그리고 계속해서 마음이 불편해 사과하는 것을 자꾸 미루게 됩니다. 자신이 할 수 있는 만큼 성의를 보이고 나면 이제 상대의 판단에 맡기면 됩니다. 다행인 것은, 바로 성의를 보이면 그다지 옥신각신할 일이 없다는 것입니다.

그렇게 상황을 정리한 후에는 자신 안에서 빨리 전환 스위치를 눌러야 합니다. 리셋(reset)을 하는 것입니다.

나는 잠자기 전에 리셋을 합니다. 스스로 오늘 좋았던 일과 좋지 않았던 일을 생각해내고, 좋았던 것은 칭찬하고 좋지 않았던 일은 반성을 한 뒤에 오늘에게 안녕을 고합니다. 그런 후에 '내일은 무엇을 할까'를 정하고 나서 잠을 잡니다. 그렇게 하면 잠자는 사이에 뇌가 '내일 할 일'에 포커스를 맞추기 때문에 확실히 리셋 효과를 볼 수 있습니다.

리셋은 누구든 '해야만 하는 일'입니다. 우유를 마신 컵으로 맥주를 마시고 싶은 사람은 없을 것입니다. 다른 컵을 사용하던지, 그 컵을 씻어서 다시 사용하겠지요. 그러니 당신도 매일매일 리셋하세요.

—

위임하다
일을 적재적소에 분담하는
현명한 결정

—

'모든 일을 나 혼자 다 하겠어'는
이 세상에서 가장 쓸데없는 욕심입니다.
자신이 잘해낼 수 없는 일은 과감히 다른 사람에게 위임하세요.
그 방법이 당신도 일도 잘되는 지름길입니다.

'위임하다'는 다른 누군가에게 모든 것을 맡기는 것을 말합니다. 나는 요즘 위임하는 것이 편하고 유용한 행위라는 생각을 겨우 하기 시작했습니다. 나는 여태껏 어떤 상황이든 꽤 잘 처리해왔기 때문에 일이든 무엇이든 가능한 한 스스로 해왔습니다. 그런데 어떤 일을 계기로 '다른 사람에게 위임해야 하지 않을까'라는 생각을 하게 된 것입니다.

어느 날 책상에서 컵이 떨어지며 산산조각이 났습니다. 컵의 파편들을 정리하다가 좀처럼 파편은 줍지 못하고 오히려 더 어지럽히고 있는 나 자신을 발견했습니다.

잠시 뒤에 비서가 들어오더니 왜 자신을 부르지 않았냐면서 이렇게 말했습니다.

"가오루 씨는 이런 일 말고도 할 일이 많잖아요. 그런 일들은 가오루 씨가 아니면 안 되는 일이에요. 컵을 치우는 것은 제 일이니까 앞으로는 저에게 맡겨주세요. 익숙하지 않은 일을 혼자서 하려니까 더 어지럽히게 되고, 잘못하면 파편에 다치실 수도 있어요."

평소의 나라면 틀림없이 바로 비서를 불러서 정리를 부탁했을 것입니다. 그런데 어째서인지 그때는 스스로 해보려고 했습니다. 결국 비서의 일을 빼앗아 일을 더 크게 만든 것입니다.

나는 무엇을 한 것일까요? 어쩌면 신께서 위임의 중요성을 스스로 깨닫게 하려고 꾸민 일이 아닐까요?

위임은 자신이 손을 빼든지 신의 힘을 빌려 일을 해결하는 것과는 다른 이야기입니다. 말하자면 '적재적소', 즉 '이 사람에게 맡기면 분명히 좋은 결과를 얻을 거야'라고 믿는 연습이고, 위임한 상대에게 신뢰와 기회, 가능성을 주는 행위이기도 합니다.

위임의 예는 주변에서 흔히 볼 수 있습니다. 치과에 가면 의자에 누워서 입을 벌리는 것까지는 내가 하고 그 후의 과정은 의사에게 모두 맡깁니다. 레스토랑에 식사를 하러 가면 주문한 요리를 셰프가 맛있게 만들어줄 것을 믿고 기다리지요. 조금 다른 방식이지만, 스포츠 감독이 선수에게 경기를 맡기는 것, 회사 사장이 모든 일을 혼자서는 절대로 할 수 없기 때문에 사원들에게 업무를 분담해 맡기는 것도 위임의 예입니다. 주부가 자신을 대신해서 빨래해줄 세탁기를 이용하고, 밥솥에 밥을 하고, 전기포트에 물을 끓이는 것도 어떤 의미에서는 '위임'하는 행위입니다.

맡기기로 결정했다면 말참견을 하거나 불평을 늘어놓거나 "괜찮아? 할 수 있겠어?"라고 물어서는 안 됩니다. 그를 믿어야 합니다. 반찬을 데우려고 전자레인지를 사용하면서 '정말로 잘 데울 수 있어? 무리인 것 같으면 빨리 말해'라고 의심하는 사람은 아마 없을 것입니다.

누군가에게 무언가를 맡기고 참견을 하는 것은 당신이 그 사람을 전자레인지보다도 믿지 못한다는 의미나 다름없습니다. 영 마음이 안 놓이면 상대방에게 당신의 기대에 부응하는 연습을 시키는 것이 낫습니다. 평소에 위임하고 맡기는 연습을 해서 그런 실수를 하지 않으면 좋겠습니다.

틀을 깨다

'~일지도'가
인생을 바꿀지도 모른다

당신이 쳐둔
마음의 울타리를 걷어내는 순간,
당신이 할 수 있는 일은
몇 배로 늘어납니다.

나는 사업상 다양한 방식으로 많은 사람과 만납니다. 개인 면담을 하거나, 자택에서 홈 미팅이나 홈 파티를 하고, 홀에서 강연회나 세미나를 여는 일도 있습니다. 그 자리에서 여러 직업을 가진 분들과 이야기를 나누는 일은 매우 즐겁습니다. 이야기 도중에 그분들의 사고방식의 습관 같은 것이 언뜻 보일 때는 더욱 즐겁습니다. 그럴 때마다 '이 사람은 이런 사고방식을 가졌구나', '이 사람의 사고방식은 내 친구 누구누구랑 비슷하네' 등 이런저런 관찰을 합니다.

　사고방식의 습관을 추측할 수 있으면 그 사람 스스로 어떤 '틀'을 얼마나 크게 만들었는지를 알 수 있습니다. 대부분의 사람들은 크든 작든 이 '틀'을 스스로 만들고 있습니다.

'스스로 마음대로' 말입니다. 사실 그런 틀은 없어도 상관없고, 오히려 없는 편이 더 좋습니다.

'틀'과 관련해 '작은 나뭇가지에 묶인 코끼리' 이야기를 하겠습니다. 아직 힘이 세지 않은 새끼 코끼리임에도 사람들은 새끼 코끼리가 도망치지 못하도록 단단한 나무에 묶어둡니다. 새끼 코끼리가 도망가려고 발버둥을 치지만 좀처럼 나무는 움직이지 않습니다. 그러는 사이에 새끼 코끼리는 '나는 여기서 도망칠 수 없다'고 생각해버립니다. 그러면 성장해서 힘이 세져도 코끼리는 도망가지 않습니다.

문장으로 읽으면 '그런 바보 같은', '작은 가지를 뽑아내면 되잖아'라고 생각할 것입니다. 그러나 그와 같은 일이 지금 당신에게 일어나고 있다면?

코끼리는 작은 나뭇가지에 묶였지만, 당신은 자신이 만든 틀에 묶여 있습니다. 그리고 여전히 그것을 해결하지 못하고 있습니다. 당신만 그러는 것이 아닙니다. 아주 많은 사람들이 당신과 같은 처지에 놓여 있습니다. 코끼리도 아닌 인간이 그러는 것은 좀 부끄러운 일 아닌가요?

'못 해', '무리야'라고 말하는 것은 이제 그만합시다. 스스로가 만든 틀을 부수고 자유롭게 행동합시다. 대체로 당신이 '못 해'라고 생각하는 것은 사실은 당신이 해결할 수 있는 일입니다. 왜냐하면 당신이 해결할 수 없는 문제는 당신에게 찾아오지 않기 때문입니다.

다시 말하면, 당신에게 일어나는 문제는 모두 당신이 해결할 수 있는 것들입니다. 그 누구도 당신에게 '우리나라의 GDP를 올려주세요'라던가, '무역 적자를 해결해주세요'라던가, '조류독감을 박멸시켜주세요'라는 요구를 하지 않습니다. 어떤 문제든 해결할 수 있을 것 같은 사람에게 찾아옵니다. 그렇기 때문에 당신은 주변의 많은 문제들에 관해서 해결할 수 있다는 것입니다.

여기에서, 실제로 할 수 있는 것을 할 수 있다고 느끼는 비결을 알려드리겠습니다. 그것은 '~일지도'입니다. "할 수 있을지도"라고 말해보는 것입니다.

이것은 내가 주변 사람들에게 자주 추천하는 방법입니다. '하면 된다'라는 말을 들으면 그 순간에만 그런 느낌이 들 뿐 대부분은 금세 '하지만 나는 못 하겠어'라고 반동이 옵니다. 액셀러레이터를 밟으면서 브레이크도 같이 밟는 꼴이라 바퀴만 헛돌 뿐입니다. 그것을 막는 것이 '~일지도'입니다.

무리인 것처럼 보이는 일도 "할 수 있을지도"라고 말하는 순간 해낼 수 있을 것 같은 느낌이 듭니다. '할 수 있을지도'는 당신의 발을 브레이크에서 살짝 떼게 해줍니다.

또 다른 방법은 '할 수 있을지도'라고 생각하면서 바로 해버리는 것입니다. 그것을 '내일 하자'라던가 '나중에 하자'라고 생각하면 순식간에 '내일', '나중에'라는 틀이 또 생깁니다. 틀을 만드는 사람 대부분이 '지금 당장' 못 하고 연기해버리는 유형입니다. '당장 한다'는 습관을 들이면 틀은 점점 활동력을 잃습니다.

자, '할 수 있을지도'로 '당장 한다'를 연습합시다.

LET GO
22

Yes와 No를
분명히 한다
거절하지 못하면
나도 상대방도 손해를 본다

배려가 지나치면 상대방의 화를 돋울 수 있습니다.
자신의 생각과 의견을 확실히 밝히는 것이야말로
상대방을 헷갈리게 하지 않는 최고의 배려입니다.

지금부터 당신에게 몇 가지 질문을 하겠습니다. 너무 깊이 생각하지 말고, 즉시 답을 해주세요.

- 동물을 좋아합니까?
- 번지점프를 해보고 싶습니까?
- 술은 잘 마십니까?
- 아침에 일찍 일어납니까?
- 중국어에 관심이 있습니까?

　어떤가요? 특별히 어려운 질문이 없어 아마 바로 대답할 수 있을 것입니다.

내가 무엇을 좋아하고 무엇을 좋아하지 않는지를 평소 의식하는 것은 매우 중요합니다. 그것을 잘 모르면 다른 사람에게 질문을 받거나 부탁을 받거나 제안을 받았을 때 분명히 대답하지 못합니다. 그러면 상대방은 의문이 생기고, 당신은 소중하게 다가온 기회를 놓칠 수 있습니다. 또 거절을 못 해 상황이 복잡해질 수 있습니다.

주변을 보면 거절하기 힘들어 애매하게 대답하는 사람이 많습니다. 질문한 사람은 '예스'든 '노'든 단지 대답이 듣고 싶을 뿐입니다. 그런데 대부분의 사람들이 '예스'로 가장한 '노'를 말합니다. 그러면 듣는 사람은 혼란에 빠집니다.

나는 항상 단순명쾌합니다.

상대방 "가오루 씨, 맛있는 김치가 있는데 드시겠어요?"

나 "아, 죄송합니다. 저는 김치를 잘 못 먹어요."

상대방 "아, 그러세요? 아쉽네요. 그럼, 장아찌는 어떠세요?"

나 "장아찌는 좋아하니까 먹을게요. 고마워요."

심플하기 그지없는 대화입니다. 오해가 끼어들 여지가 없

습니다. 그런데 거절하면 미안하다는 생각에 불필요한 신경
을 쓰면 이렇게 되어버립니다.

상대방 "가오루 씨, 맛있는 김치가 있는데 드시겠어요?"

나 "아, 네, 고마워요."

상대방 '이건 질문에 대한 답이 아닌데….'

상대방 "그런데 왜 그러세요? 김치 안 드세요?"

나 "아, 네, 괜찮습니다. 감사합니다."

상대방 '뭐가 괜찮다는 거지?'

상대방 "저, 혹시, 김치 안 좋아하시거나 그러신가요?"

나 "아, 저, 죄송해요. 실은 매운 걸 잘 못 먹어서요."

어떤가요? 싫으면 싫다고 빨리 말하면 될 것을, 애매하게
대답해 상대방을 번거롭게 했습니다. 거절하면 상대방이 마
음 상할까봐 그렇게 대답했겠지만, 처음에 분명히 말해두지
않으면 결국 마지막에 상대방의 마음이 상합니다. 옥신각신
하다가 사태가 더욱 커지는 일도 생깁니다.

못 하는 것은 '못 한다', 좋아하지 않는 것은 '좋아하지 않
는다', 모르는 것은 '모른다'라고 평소와 비슷한 톤으로 대답

해야 합니다.

'평소의 톤'이란 '저의 이름은 ○○입니다'라고 말할 때의 톤을 말합니다. 그 누구도 자신의 이름을 말할 때 '이상한 이름이라고 생각하면 어떻게 하지?', '이런 곳에서 내 이름을 말하면 이상한가?'처럼 쓸데없는 생각은 하지 않습니다. 그러니 이름을 말할 때와 같은 톤으로 자신의 생각과 의견을 상대방에게 전하면 되는 것입니다.

상대방을 배려한다는 생각으로 대답을 애매하게 하는 것은 에너지를 낭비하게 합니다. 그러니 거절할 때는 냉정하게 거절하세요. 그렇게 하지 않으면 상대방도 당신도 서로 피해를 입습니다. 거절을 하면 상대방이 불쾌하고 자신의 이미지가 나빠져서 손해를 본다는 생각은 잘못된 것입니다. 거절을 못 할수록 결국은 손해를 보는 것입니다.

LET GO
23

비교하지 않는다

남과 비교하는 것은
자신의 중심이
흔들리고 있다는 증거

우리는 세상에 하나뿐인 꽃, 한 사람 한 사람 다른 씨앗을 가지고 있어
그 꽃을 피우는 일에만 전념하면 돼.
넘버원(No.1)이 되지 않아도 좋아,
원래부터 우리는 특별한 온리원(Only one)이니까

— 스마프의 〈세상에 하나뿐인 꽃〉 노랫말 중에서

일본의 5인조 원조 아이돌 그룹 스마프(SMAP)의 노래 〈세상에 하나뿐인 꽃(世界に一つだけの花)〉이 2002년 7월에 발매되자마자 인기를 끌어 지금까지 사랑받고 있습니다. 그 가사는 '다른 사람과 자신을 비교할 필요 따위는 없다'라는 메시지를 담고 있는데, 백만 번이나 이 노래를 들은 사람도 결국엔 자신을 다른 사람과 비교해버립니다. 그것이 인간인 우리의 한계입니다.

다른 사람과 꼭 비교해야겠다면 '저 사람이 할 수 있으면 나도 할 수 있을 거야'라고 긍정적인 방식으로 비교해야 합니다. 그런데 대부분의 사람들이 '저 사람이 할 수 있는데 왜 나는 못 할까'라고 부정적으로 비교합니다.

자신보다 훌륭한 사람, 성공한 사람, 자신이 목표로 하는 사람과 자신의 현재 위치를 비교해서 어느 정도 진보했는지를 확인하고, 그 차이를 좁히려면 어떻게 해야 하는지를 확인할 목적으로 비교하는 것은 좋은 일입니다. 그러나 단순히 남과 자신을 비교한 뒤에 자신의 처지를 비관하며 우울해하거나, 반대로 우월감을 느끼기 위해서 자신보다 못한 사람과 비교하는 것은 의미 없는 일입니다.

나의 사업은 다양한 연령대, 다양한 상황에 처한 사람들과 함께하는 일이라서 남과 비교하는 일은 하지 않습니다. 아니, 할 수가 없습니다. 각자 일을 하는 스타일도 다를뿐더러 모두 자신의 페이스대로 무리 없이 즐겁게 일하기 때문입니다. 그리고 모두 이 일에 인생을 걸고 있습니다. 자신이 하는 일에 인생을 걸고 있다는 것은 수입과 지위와 직함과 관계없이 모두 온리원(Only one)임을 의미합니다. 그렇기 때문에 비교할 수 있는 기준이 없습니다. 남과 경쟁할 필요도 없습니다.

경쟁은 자신의 한계에 도전하는 것입니다. 온리원이 되는 것이 열심히 하지 않아도 된다는 의미는 아닙니다. 오히려 자신의 한계에 도전하는 것이 남과 경쟁하는 것보다 더 힘듭니다. 넘버원(No. 1)을 부정하는 것이 아닙니다. 어느 세계든 정상에 이르는 것은 위대한 일입니다. 정상에 도달하기 위해서 톱이 된 것이라면 솔직히 그다지 재미는 없지만, 목표에 대해서 자신이 얼마만큼 할 수 있고 얼마만큼 했는지를 추구한 결과가 톱이라면 그 사람은 상당히 멋지다고 나는 생각합니다. 자신에게 맞는 최선의 방법을 발견했기 때문입니다.

내가 남과의 차이를 신경 쓰지 않는 것은 태어나고 자란 환경의 영향이 큽니다. 시마네에서 누나 두 명과 함께 자랐는데 부모님은 나를 '남자니까', '장남이니까' 혹은 '동생이니까'라는 이유로 특별대우를 하지 않으셨습니다. 누나들에게도 '여자니까', '누나니까'라는 이유로 특혜를 주지 않았습니다. 누나들이나 나나 '나카지마 집안의 소중한 삼형제'로서 공평한 기회를 받으며 자랐습니다.

생각해보면, 부모님은 "세 명 모두 한 형제지만 성격이나 생김새가 서로 다른 것이 당연하다. 그것이 개성이고 특성이다. 개성이나 특성에 좋고 나쁘고는 없다"라는 말씀을 자주 하셨습니다. 이것은 아마도 내가 소아마비를 앓고, 그 때문에 왼손이 조금 불편해서 그런 것은 아닐까 생각합니다. 그리고 세 명 모두에게 애정을 듬뿍 주셨습니다. 그렇기 때문에 나나 누나들은 어딜 가나 자신감이 있고, '내가 나인 게 너무 좋아'라는 신념이 있습니다.

자신의 중심이 확실히 서고 흔들리지 않으면 남과 자신을 비교하지 않습니다. 그럴 필요가 없기 때문입니다. 반대로 말하면, 남과 자신을 비교한다는 것은 중심이 흔들리고 있다는 증거입니다.

항상 자신의 내면에 눈을 돌립시다. 그렇게 하면 타인에게 휘둘려 자기 인생의 페이스를 어지럽히는 일은 없어질 것입니다.

'다른 사람들이 나를 어떻게 생각하는가'는 그다지 중요하지 않습니다. '내가 나를 어떻게 생각하는가'가 중요합니다. '나다움'이라는 무기를 준비해 항상 갈고닦읍시다.

LET GO
24

—

포기하지 않는다
끝날 때까지는
끝이 아니다

—

포기는 배추의 단위입니다.
아직 가능성이 있는 일을 쉽게 포기하지 마세요.
앞으로 당신에게 무슨 일이 일어날지 아무도 모릅니다.

'인생, 무슨 일이 일어날지 알 수 없다.'

이것은 내가 항상 하는 말이면서 항상 느끼는 것입니다.

내 인생은 다른 사람이 들으면 "네? 그런 일이 있어요?", "정말로 그런 일이 현실에서 일어나나요?"라고 감탄하는 일로 가득합니다. 한마디로, 기적으로 가득한 인생입니다. 그것은 내가 좀처럼 포기하지 않는 인간이기 때문에 가능한 것 같습니다. 기적은 포기하지 않는 사람에게만 일어납니다.

무슨 일이든 스스로 포기하는 일이 없는 나는 '더 이상은 안 되겠어'라며 무언가를 포기할 것 같은 사람을 보면 "아직 아니야, 아직 포기해서는 안 돼"라고 독려하거나 "정말로 안 돼? 잘 생각해봐"라고 묻습니다. 내가 생각하기에, 누군가가 '안 돼'라고 말했을 때는 대부분의 경우 아직 가능성이 있는 경우가 많습니다. 스스로 '안 돼'라고 단정 짓고 끝내버리려고 하는 것뿐입니다.

'안 돼'는 '거짓 안 돼'와 '정말 안 돼'가 있습니다. 이에 관한 매우 재미난 이야기를 소개해드리겠습니다. 마스다라는 남성의 실화입니다.

그가 어느 강연회의 게스트로 초청을 받아 택시로 가는데, 고속도로의 교통정체가 심해 차가 거의 멈춰 서 있었다고 합니다. 그렇게 시간은 흐르고, 이제는 더 이상 제 시간에 도착하지 못할 것 같은 판단이 들자 그는 강연회 주최자에게 전화를 걸어 '교통정체 때문에 제 시간에 도착을 못 할 것 같다'는 이야기를 하려고 했습니다. 그런데 갑자기 '어차피 안 될 거라면 어디까지 갈 수 있는지 할 수 있는 만큼 해보자'라는 생각이 났다고 합니다. 매우 대견한 생각을 한 것입니다. 그래서 그는 택시에서 내려 교통정체로 인해 차가 죽 늘어선 도로를 달려 가장 가까운 고속도로 출구로 갔습니다. 평소라면 생각도 못 할 방법이지만, 그때는 절실한 마음에 가능했던 것 같습니다.

출구에서부터 아래의 일반도로까지 걸어 내려온 그는 택시를 잡아타고 강연장으로 향했습니다. 그렇게 했더니 세상에, 강연 시간에 아슬아슬하게 도착했다고 합니다. 도중에 포기할 이유는 얼마든지 있었지만, 이제 안 되겠다고 생각하고 어디까지 할 수 있나 해보자고 다짐했더니 이런 기적이 일어난 것입니다.

잠깐 생각해봅시다. 마스다 씨가 '이제 안 돼'라고 생각했을 때 정말로 강연 시간에 맞춰 가는 게 불가능했을까요? 현명한 당신이라면 짐작을 하셨을 텐데, 그것은 '진짜 안 돼'가 아니라 '거짓 안 돼'였습니다. 이 경우의 '진짜 안 돼'는 어떤 수를 써도 강연장에 정해진 시간까지 도착하지 못했을 때 성립합니다. '강연이 시작되지 않았지만 제 시간에 못 갈 것 같으니까' 하면서 스스로 '안 돼'라고 결정하는 것은 '거짓 안 돼'입니다. '결국 안 됐다'는 사실을 끝까지 확인하지 않는 한 아직 불가능한 일이 아닌 것입니다.

결론을 스스로 정해서는 일어날 기적도 일어나지 않습니다.

내가 좋아해서 종종 사용하는 문구 중에 '끝날 때까지는 끝이 아니다'가 있습니다. 영어 노래 가사에도 'it ain't over till it's over'라는 표현이 있습니다. '이제 안 돼'라고 생각될 때 대개의 경우는 아직 가능성이 있다는 사실을 안다면 조금 더 열심히 해서 '되는 일'로 만들 수 있습니다. 그러니 끝날 때까지 끝내지 마세요. 운은 분명히 포기하지 않고 끝까지 도전하는 사람의 편을 들어줄 것입니다.

—

두려워하지
않는다

사랑으로
현재에 집중하며 산다

—

괜히 미래를 앞서서 생각해
불안과 걱정을 키우지 마세요.
현재에 집중하면 풍요롭고 자유롭고 생명력 넘치는
하루하루를 보낼 수 있습니다.

'두려워하지 마', 이것은 내가 사인을 해줄 때 자주 쓰는 문구입니다.

  이런 말을 하면 대뜸 "당신, 점쟁이야?"라고 따지는 사람이 있을 것 같은데, 얼굴을 보면 그 사람이 좋아하거나 기운을 낼 만한 문구를 알 것 같은 때가 있습니다. '두려워하지 마'도 그중 하나입니다.

  우리는 무언가에 대한 불안이나 두려움과 매일 싸우며 살아갑니다. 그 두려운 대상은 원래 있었던 것이 아닙니다. 자신이 마음대로 만들어내거나, 두려워할 필요가 없는데 괜히 두려워하는 것이 거의 대부분입니다.

  무언가 불안하거나 걱정이 된다면 우선은 자신에게 질문

을 던져보는 것이 중요합니다. '이게 정말로 두려워할 일일까?'라고.

나는 다행스럽게도 어린 시절에 특별한 경험을 한 이후로 '두려움의 정체는 내가 마음대로 만들어낸 환상'이라는 사실을 깨달았습니다. 그 덕분에 쓸데없는 불안이나 두려움과는 아무 상관없이 살아가고 있습니다.

초등학교 입학 무렵, 한밤중에 눈이 떠져서 화장실에 갈 때면 나는 무서워서 어쩔 줄 몰랐습니다. 내 방에서 화장실에 가려면 거실을 통과해야 하는데, 슬쩍 옆을 보면 유령이 항상 서 있는 것입니다. 그래서 화장실에 가고 싶으면 누나를 깨워서 함께 가고는 했습니다.

어느 날 아침에 거실 옆을 지나서 문득 보니 항상 유령이 서 있던 자리에 하얀 목욕가운이 걸쳐져 있었습니다. 그렇습니다, 내가 계속 유령이라고 생각하고 무서워했던 것의 실체는 바로 목욕가운이었습니다. 그때 나는 지금까지 두려워할 필요도 없는 것을 두려워하고 있었음을 알게 되었고, 걱정과 불안은 자신이 만들어내는 것이라고 결론 지었습니다.

두려움은 '너무 앞서가기 때문에' 생긴다고 말할 수 있습니다. 우리는 아직 일어나지도 않는 일을 상상하며 두려움을 품습니다. 'ㅇㅇ라면 어떻게 하지', '××라면 싫은데…' 식으로 말입니다. 실제로 무언가 좋지 않은 일이 일어날 때는 두려워할 것이 아니라 적절히 대처해야 합니다.

반대로 말하면, 걱정하기 때문에 걱정할 만한 사건이 일어나는 것입니다. 정 고민이 되면 그 걱정스런 사태를 스스로 어떻게 해결할 것인지 시뮬레이션을 해두면 되는 것입니다. 그리고 '실수하면 어떻게 하지?'가 아니라 '성공하면 어떻게 하지?'라고 생각하세요. '이렇게 잘하다니 대단해! 어떡하지'라는 생각으로 불안해지면 되는 겁니다.

'실패하면 어떻게 하지?'라고 입버릇처럼 말하는 사람에게 나는 항상 "그럼, 당신은 실패를 하고 싶어요?"라고 묻습니다. 그러면 대부분의 사람들은 "아니요, 그렇지 않아요"라고 답합니다. 그러면 제가 "그렇다면 간단하죠. 너무 앞서가지 말고 지금에 집중하면 됩니다"라고 말합니다. 제 말처럼 지금에 집중하면 미래에 대한 두려움은 더 이상 없을 것입니다.

어느 날 이 '두려움'과 '불안'에 관해서 친구와 이야기할 기회가 있었습니다. "가오루 씨는 참 대단한 인생을 사네요. 어떻게 하면 그런 식으로 풍요롭고 자유롭고 생명력 넘치는 하루하루를 보낼 수 있을까요?"라고 묻는 그에게 나는 이렇게 답했습니다.

"음, 글쎄. 내 인생이 공포보다 사랑이 더 강해서인가?"

두려움이나 불안을 이겨낼 수 있는 것은 사랑입니다. 사람이든 사물이든 사랑하고, 지켜야 하고, 소중히 해야 할 것이 있는 사람은 공포를 이길 수 있습니다.

당신의 인생에서 '이것을 위해서라면 나 자신은 강해질 수 있다'라고 생각하는 것을 떠올려보세요. 그리고 두려워할 필요가 없는 것 때문에 헛되이 보내는 시간을 인생에서 없애버립시다.

START ────

시작하다

우리는 언제든 무엇이라도 시작할 수 있습니다.
나 자신이 그렇게 소망하기만 한다면.
수면에 던진 작은 돌이
큰 파문을 만들고 그것이 넓어지듯이
당신의 인생에 항상 놀라움과
기쁨과 행복과 감동을 불러일으키세요.
무언가를 시작함으로써 그것은 가능해집니다.

—

시작하다

0에서 1을
만들어내는 용기

—

무언가 시작하고 싶다는 생각이 들면 바로 시작하세요.
설사 실패를 하더라도 좌절할 필요는 없습니다.
이미 시작했다는 사실만으로도 운은 당신에게 향해 있습니다.

1999년에 출간된 나의 책《지금 시작하자, 늦었다고 생각한 순간이 가장 빠른 때다(始めるのにすぎることなんかない!)》가 베스트셀러가 되고 그로부터 10년이 넘는 세월이 흘렀습니다.

이 책은 제목 덕분에 다양하고 넓은 계층의 독자들이 읽었습니다. 그중에서도 40대와 50대, 60대 분들에게서 많은 편지가 왔습니다. '회사를 정년퇴직하고 지금부터 제2의 인생을 시작하는데 이 책이 큰 버팀목이 되었습니다', '전부터 하고 싶었던 일이 있는데 이제라도 시작할 용기가 생겼습니다', '좋아하는 일을 하는 데 정년은 관계없다는 사실을 다시 한번 생각하게 되었습니다'라는 의견을 주셨고, 나 또한 많은 분들에게 조금이라도 도움이 된 것 같아서 매우 기뻤습니다.

이분들을 통해 배운 것이 있습니다. '무언가를 시작하는 것은 대단한 일이다'라고 생각하는 사람이 많다는 것, 사람들은 무언가 시작하고 싶은 것이 하나쯤 있다는 것입니다.

무언가를 시작하는 것은 언뜻 보기에도 쉬운 일은 아닙니다. 무에서 유를 창조하는 것이며 0에서 1을 만들어내는 것으로, 앞으로 무슨 일이 일어날지 모른다는 점을 생각하면 용기도 필요합니다. 그런데 용기를 내서 시작하면 그에 대한 화답으로 멋진 무언가가 분명히 일어납니다. 반면, 시작하지 않으면 아무것도 일어나지 않습니다.

0과 1, 1과 2 사이의 간격은 결코 같지 않습니다. 0에서 1 사이의 간격은 1과 2 사이 간격보다 몇 배 이상 큽니다. 그렇기 때문에 1로 향하기 시작한 모든 사람에게 나는 목적지에 도착한 것과도 같은 칭찬을 보내고 싶습니다. 무언가를 시작함으로써 인생은 변합니다. 즐거움도 성공도 새로운 가능성도 서서히 열립니다.

시작하는 것을 두려워하는 사람들에게 장애물은 무엇일

START!!

시작하세요.
바로 지금!

까요? 종종 듣는 이야기가 '이제 와서 시작해봤자~'라는 말입니다. '이제 와서'라는 게 뭘까요? '이제 와서 시작해봤자~'라면 언제가 좋을까요?

시작하기 가장 적합한 시기는 바로 '지금'입니다. 시작하고 싶다는 생각이 들 때 말입니다. 시작하면 반드시 성공해야 한다고 믿는 사람도 있는데, 그것은 잘못된 믿음입니다. 무언가 실패를 하더라도 괜찮습니다. 실패는 마이너스, 즉 실점(失點)의 대상이 아닙니다. 시작한 사람에게 줄 것은 오직 플러스, 즉 득점밖에 없기 때문입니다. 시작하는 것은 득점을 쌓아올리는 여행과도 같기에 도중에 일어나는 다양한 일들을 그저 즐기면 되는 것입니다.

'나는 할 수 있다, 시작할 수 있다'고 생각합시다. 할 수 있다고 생각하지 않으면 아무것도 시작되지 않습니다. 시작한 사람들은 운이 뒤에서 밀어줍니다. 그러니 안심하고 1에서 2로, 2에서 3으로 다음을 전개해나가기를 바랍니다.

—

준비한다

어떤 상황이 와도
대처할 수 있을 만큼
'빈틈없는 준비'를…

—

따뜻한 겨울을 준비하는 개미처럼
행복한 미래를 준비하세요.
가장 좋은 방법은 앞으로 올 기회를 놓치지 않을 만큼
철저히 준비하는 것뿐입니다.

'기회는 준비된 사람에게 찾아온다'는 말이 있습니다. 그 말처럼 평소에 준비를 해두는 것은 두말할 필요도 없이 중요합니다.

기회가 언제 어떤 형태로 찾아와도 몰라보지도 지나치지도 않고 자기 것으로 만들려면 뇌를 풀가동하고 상상력을 총동원해 있을 수 있는 경우의 수를 몇십 종류, 몇백 종류 비축해두어야 합니다. 그렇게 해왔다면 당신은 이미 준비의 달인입니다.

예정된 기회의 준비로는 리허설을 꼽을 수 있습니다. 나는 초대형 공연장인 요코하마 아리나, 후쿠시마 국제회의장 등에서 가끔 강연을 하는데 실수 없이 끝낼 수 있도록 리허설을 본행사라고 생각하고 확실하게 합니다. 스태프인 나카노와 에노모토 역시 리허설을 본행사 이상으로 진행합니다. '이것은 준비하는 거야'라고 생각하면서 리허설을 진행하면 본행사에서 작건 크건 실수가 생길 확률이 높기 때문이라고 합니다.

실제로 철저히 준비하면 본행사에서는 긴장하지 않고 실수 없이 잘하게 됩니다. 강연회 외에도 테니스 대회나 볼링 대회, 아티스트를 불러서 하는 콘서트 등 다양한 이벤트를 열고 있는데 그 준비도 빈틈없이 하고 있습니다.

작년 말에는 데이코쿠호텔[帝國ホテル. 영문 명칭은 임페리얼 호텔(Imperial Hotel)]에서 다니엘 오스트의 전시회와 파티를 했습니다. 다니엘은 유럽 각국의 왕실을 시작으로 아카데미 상 행사장도 직접 장식하는 등 세계적으로 유명한 플라워 아티스트인데, 그와는 알고 지낸 지가 꽤 오래됩니다. 전시회와 파티는 철저한 준비 덕분에 잘 끝났습니다. 그런데 그 행사보다 내 머릿속에 깊이 박힌 것은 따로 있습니다.

데이코쿠호텔에서의 이벤트를 하루 앞둔 오후, TV를 켰더니 '테츠코의 방'이라는 토크쇼가 방영되더군요. 평소에 눈여겨보던 프로그램은 아니지만, 그날은 어쩐지 계속 보게 되었습니다. 게스트는 작가 무라마츠 토모미 씨였습니다. 무라마츠 씨의 신간이 소개되었는데, 이게 또 무슨 우연인지 《데이코쿠호텔의 불가사의》라는 책이었습니다. 내용을 들어보니 프런트부터 시작해 벨맨, 도어맨, 룸서비스, 소믈리에, 총요리장, 총지배인 등 호텔 안의 다양한 직업인들의 모습을 통해 데이코쿠호텔을 부각시키고 있었습니다.

그보다 더 재미있었던 것이 무라마츠 씨의 호텔 취재 뒷이야기였습니다. 그 이야기를 통해 데이코쿠호텔의 종업원들이 평소에 얼마나 투철한 프로정신으로 서비스를 준비하는지가 드러났는데, 나는 그만 큰 감동을 받았습니다.

그중 가장 놀랐던 것은 데이코쿠호텔 세탁소 담당자의 이야기였습니다. 그분은 이미 세탁에 관한 지식이 풍부하지만 관련 지식을 지속적으로 쌓기 위해 공부를 많이 한다고 합니다. 특히 파리 컬렉션 등의 패션 행사는 TV 방영이 있으면 절대로 빼놓지 않고 본다고 합니다. 왜냐하면 그 컬렉션에서 발표된 옷을 구입한 VIP 게스트가 데이코쿠호텔에 많이 숙박하기 때문입니다. 그 옷이 아니어도 그 컬렉션에서 발표된 디자인이나 재질, 가공 방법이 비슷한 옷을 세탁소에 맡길 가능성이 있는데, 그럴 때 아무런 정보가 없으면 게스트의 소중한 소유물에 피해를 줄 우려가 있으므로 철저히 준비를 하는 것입니다.

그 프로그램을 본 다음날 전람회와 파티에 참석한 내가 데이코쿠호텔을 보는 시선이 바뀐 것은 말할 필요도 없습니다.

START
28

역할을 해내다
자기 자신을
자유자재로 바꾸다

한 가지 역할에 고착되면 성공의 기회가 줄어듭니다.
생각하지 못한 역할을 맡게 되면
'내 능력을 더 키워주어 고맙다'고 인사하세요.

당신은 자신의 역할을 생각해본 적이 있습니까?

　사람에게는 스스로 평가하는 나 외에 또 다른 자신이 있습니다. 그것은 타인이나 사회가 당신에게 기대하는 '역할'입니다. 그것을 제대로 해내는 사람이 결국 성공합니다.

　예를 들어 축구선수의 경우, 수비자는 기본적으로 사람들이 철벽같이 수비해주기를 기대하기 때문에 상대 팀의 공격을 막으면 막을수록 평가가 올라갑니다. 그런데 골키퍼가 '나도 골을 차고 싶다'며 골대를 벗어나 공격에 참가하면 수비가 소홀해져 팀이 패배하는 요인이 됩니다. 회사원이라면 회사의 매출을 올리기 위해서 자신이 회사로부터 무엇을 요구받고 있는지를 이해하고 그것을 해내면 평가는 올라갑니다. 기대에 부응하기 때문입니다.

'주어진 역할을 해낸다'는 것은 자신이 도달하고자 하는 목표를 향해 걸어가는 과정이기도 합니다. 또한 기대를 받고 역할을 할당받는 것은 '당신은 그것을 할 수 있다'고 사람들이 인정한다는 의미도 됩니다. 때로 현재 당신의 실력으로는 해결할 수 없는, 다소 난이도가 높은 역할도 받을 수 있는데 당신이 특별히 발탁된 것이므로 '사명'으로 여기고 그 역할을 해내야만 합니다. 그러면 곧 당신이 상상했던 미래와 만날 수 있습니다.

'역할을 해주기 바란다'라는 요구는 본래의 자신에 또 다른 자신이 더해지는, 왠지 모르게 가슴 설레는 일입니다. 자신의 가능성이 새롭게 넓혀지기 때문입니다.

나는 얼마 전 중국 영화에 출연을 했는데, 현실과는 조금 다른 '나카지마 가오루'를 연기했습니다. 세계 최고의 코치라는 안소니 로빈스와, 세계적인 인기를 자랑하는 미국 여성사회자 오프라 윈프리와도 일을 하는 럭키 량이라는 중국인 실업가가 자신의 이야기를 영화로 만드는데, 그는 나의 왕 팬이라며 '꼭 출연해주기를 바란다'고 열렬히 출연 의뢰를 해왔습니다. 처음에는 거절했지만 몇 번이고 계속해서 의뢰를 하기에, 결국 상하이로 촬영을 다녀온 것입니다. 프로듀서가 이 영화는 중국에서만 2억 명이 본다면서 "나카지마 씨는 중국인이 아는 유명한 일본인이 될지도 모르겠네요"라고 웃으며 말했습니다.

나 자신을 연기하는 것이고, 커다란 홀에서 강연하는 장면이라 편하게 촬영할 수 있겠다고 생각했습니다. 그런데 막상 촬영에 들어가니 빈틈없는 강연과 내가 절대로 하지 않을 것 같은 동작이 대본에 있었습니다.

내가 가장 크게 반발했던 것은 "한참 강연을 하다가 승리의 포즈를 취하듯이 손을 위로 높이 올리고 청중을 향해 주먹을 흔들어주십시오"라는 연출가의 요구였습니다. 너무 심하다고 생각해 "잠시만요, 그런 건 부끄러워서 못 합니다. 나는 강연을 할 때 그런 행동은 한 적이 없습니다"라고 말했지만, 감독까지 "중국 문화이기 때문에 괜찮습니다. 나카지마 가오루가 여기에서 이렇게 손을 올림으로써 중국인 모두가 감동할 겁니다"라고 끝까지 우겼습니다. 모두들 그렇게 말을 하니 나도 결국 각오를 굳게 하고 연기를 마쳤습니다.

역할이니까, 내가 아닌 모습이 되는 것도 필요한 과정이라는 생각이 듭니다. '이것은 내 모습이 아니야'라고 반론하지 말고 과감히 해내는 것입니다. 또다른 자신을 발견하는 것도 역할의 이점이 아닐까요?

역할을 하는 것은 자신의 단단한 껍질을 깨는 것과도 관련이 있습니다. 예를 들면, 당신이 영업부에 배치되었는데 판매 전화를 건다거나 상대방을 만나서 세일즈하는 것을 잘 못한다고 합시다. 못하기는 하지만 일이기 때문에 하지 않으면 안 됩니다. 그럴 때는 '우수한 영업맨'이라는 역할에 집중하는 것입니다.

마음을 가다듬고, 평소의 자신과 그 역할을 연기하는 자신을 분리시키면 어째서인지는 몰라도 희한하게도 일이 잘 되는 경우가 있습니다. 자기 자신을 자유자재로 바꿀 수 있는 스위치를 반드시 당신 것으로 만드십시오.

START
29

가치를 보다

대상 뒤에 숨어 있는 것을
꿰뚫어보다

눈앞의 이익이나 손해에 사로잡히면
그 뒤에 있는 더 큰 그림을 놓치기 쉽습니다.
이제부터 보이지 않는 가치를 찾는 연습을 하세요.
당신이 몰랐던 인생의 큰 가치를 발견할 것입니다.

가치를 정확하게 꿰뚫어보는 것은 익숙하지 않으면 다소 어려운 일인지도 모르겠습니다. 왜냐하면 눈에 보이지 않기 때문이지요.

　예를 들어, 자녀가 피아노를 배우고 싶다고 합시다. 당신이라면 어떻게 하겠습니까? 아이가 원하니 배우게 하는 것이 좋겠지요. 이때 '수업료가 든다', '피아노를 사야 하는데 피아노는 비싸고 집 안에 둘 장소도 없다', '피아노 소리가 밖으로 새나가면 동네 사람들이 시끄럽다고 한다', '피아노를 사도 아이가 얼마 안 가서 질려 하면 곤란하다'와 같이 나쁜 점만 머릿속에 떠오른다면 마음이 가난한 사람일 확률이 높습니다.

긍정적으로 보면, 아이가 무언가에 흥미를 보였다는 것 자체가 대단한 일이며, 그것을 계속 할 수 있다면 더욱더 대단한 일입니다. 아이가 당신을 위해서 좋아하는 곡을 연주해준다면 정말 기쁘지 않겠습니까? 만일 재능이 있어서 피아니스트가 되어 많은 사람을 감동시킨다면 어떨까요?

수업료가 싼 피아노 교실은 얼마든지 있고, 피아노를 칠 수 있는 지인에게 아이를 지도해달라고 부탁할 수도 있습니다. 피아노도 처음부터 그렇게 좋은 것을 살 필요도 없고, 어쩌면 누군가가 중고품을 물려줄 수도 있습니다. 아이에게 재능이 있고 앞으로도 계속하게 된다면 그때 가서 좋은 선생님이나 좋은 피아노에 대해서 생각하면 됩니다. 만일 피아노를 배우다 얼마 안 되어 아이가 질려 하면 피아노는 되팔면 되는 것입니다.

요즘은 애완동물을 기르는 사람들이 늘고, 그 애완동물에 적지 않은 돈을 쓰는 사람이 많다고 합니다. 혈통서가 있는 개나 고양이는 한 마리에 몇백만 원이나 하고, 사료 값에 몸치장 비용, 예방접종 비용, 피임수술 비용 등을 생각하면 천만 원 단위의 돈이 들어갈 것입니다. 하지만 그것은 주인 입장에서 보면 전혀 비싸지 않은 금액입니다. 애완동물과 함께 지내며 느끼는 즐거움과 행복은 돈 이상의 가치가 있기 때문입니다. 가치를 아는 사람은 그 가치 이상의 것을 얻습니다.

나와 친한 야마자키 요시유키(통칭 욧짱)도 가치를 아는 사람입니다. 내가 '욧짱은 역시 대단해'라고 생각했던 에피소드가 있습니다.

어느 날 욧짱이 26세의 마사라는 남성을 데리고 왔습니다. 마사는 당시 젊은이들 사이에 매우 인기가 있는 미국 모 브랜드의 매니저였습니다. 상하이에 처음으로 여는 매장의 책임자로 발탁되어 이제 곧 현지로 가기로 되어 있었습니다.

마사는 NBA를 매우 좋아해 미국 유학을 하고 있었기 때문에 영어도 잘했습니다. 내가 종종 NBA 관람 초대를 받아서 라커룸에서 선수들을 만난다는 이야기를 하니 눈을 반짝이며 들더군요. 그 모습을 보고 욧짱이 "가오루 씨의 운전수나 통역사, 비서라도 좋으니까 그 젊은이를 잠시 고용해줄 수 있나요?"라고 말했습니다. 욧짱이 그런 말을 하는 일은 매우 드물어서 깜짝 놀랐지만, 마침 그때 운전수와 통역사가 필요했던 참이라 마사를 스태프로 잠시 고용했습니다.

그날 저녁에 그는 나의 운전수가 되어 여기저기를 함께 다니고, 많은 일류 인사들과 인사를 나눴습니다. 놀라운 일은, 그가 무언가를 간파한 듯 그날 이후에 다니던 직장을 그만두고 나와 함께 진지하게 사업을 시작했다는 사실입니다.

마사도 대단하지만, 나는 옷짱이 더 대단하다는 생각이 들었습니다. 마사의 가능성과 가치를 발견하고 '지금의 일보다도 우리 사업을 함께하는 편이 마사의 성장에 더 도움이 될 것이다'라고 판단한 것입니다. 그리고 우리 사업의 비전을 자신이 가르치는 것보다 나에게 맡기는 편이 더 낫다고 간파해 잠시만이라도 고용할 것을 제안했던 것입니다.

가치를 아는 사람은 통찰력이 뛰어납니다. 눈앞의 사실이나 돈으로 환산한 그럴싸해 보이는 가치에 속지 않고 그 뒤에 숨은 더 큰 가치를 보고 자기 것으로 만들 수 있습니다. 진실의 가치를 간파하는 사람은 반드시 운에게 사랑을 받습니다.

—

습관을 들인다

성공은 재능의 차이가 아니라
습관의 차이다

—

성공습관은 거창하거나 대단히 특별하지 않습니다.
당신이 머릿속으로만 알고 있는
'쓰다'와 '우선 할 것을 정한다'입니다.
알기만 하는 것은 아무 의미가 없습니다. 실천하세요!

'말이 바뀌면 사고가 바뀐다. 사고가 바뀌면 행동이 바뀐다. 행동이 바뀌면 인생이 바뀐다.'

어디에서 들었는지는 잊었지만, 인터넷 쇼핑을 하다가 발견한 말입니다. 좋은 말이라는 생각이 들어서 바로 수첩에 적어두었습니다. 말도 사고도 행동도 어느 의미에서는 '버릇'이나 '습관'이니, 좋은 습관을 들이면 좋은 인생이 알아서 찾아온다고 해석할 수 있습니다.

당신은 어떤 성공습관을 가지고 있나요?

지금까지 그런 것은 신경 쓰지 않고 살았다는 분들을 위해 나의 소중한 성공습관을 몇 가지 소개해드리겠습니다. 모두 매우 간단한 데다 놀라울 만큼 효과가 있고, 즉시 효과가 나타나는 습관들이니 부디 실천해보시길 바랍니다.

첫 번째 성공습관은 '쓰다'입니다.

만일 당신이 '뭐야, 그게. 좀 더 대단한 것일 줄 알았더니'라고 생각했다면 '쓰다'를 제대로 해본 적이 없는 사람입니다. '쓰다'를 스스로 해본 사람은 그 행동의 대단함을 알기 때문에 그런 반응은 보이지 않습니다. '나카지마 가오루, 당신도 좀 아는군요' 이렇게 말하겠죠.

적는 것은 자신의 사고를 확인하는 행위입니다. 적는 순간 그때까지 자신 안에서 존재해 있던 생각들이 모습을 드러냅니다. 생각을 입 밖으로 내어 말을 해도 어느 정도는 단단해지지만, 적으면 더욱 정리가 잘됩니다.

적지 않으면 잊어버립니다. 자신의 기억력을 과신하면 나중에 큰일을 당하게 됩니다. 해야 하는 일을 잊어버려 큰일이 일어나기 전에 항상 리스트를 만들어서 그대로 소화해내는 습관을 몸에 익혀야 합니다.

말은 발설하는 순간 사라져버리지만, 문자는 남습니다. 그렇기 때문에 자신의 목표와 모토, 꿈 등을 수첩이나 메모지에 적어서 항상 가지고 다니며, 가끔은 반복해서 읽어봅니다. 그 작은 시간이 모여 커다란 성공을 이루어냅니다. 이 것 또한 너무 간단해서 바보 취급을 할 사람이 있을지도 모릅니다. 하지만 이렇게도 하지 않는 것은 백지를 매일 물끄러미 쳐다보는 것과 같습니다. 매일 5초씩이라도 자신의 꿈을 다시 읽어보는 습관을 들이는 대신에 말입니다.

당연한 이야기지만, 하얀 종이를 뚫어져라 보아도 꿈은 이루어지지 않을뿐더러 더 이상 전개되지도 않습니다. 이 얼마나 허무한 일입니까?

두 번째 성공습관은 '우선 할 일을 정한다'입니다.

이것 또한 '뭐야, 그 정도는 나도 하고 있어'라고 말하는 사람이 있을 것 같습니다. 하지만 잠시만 생각해보세요. '우선 할 것을 정한다'는 '우선순위를 정한다'는 것과는 다릅니다.

'무슨 일이 있어도 이것은 가장 중요하다'라고 생각되는 것을 우선 하나 정해 반드시 하는 것이 '우선 할 것을 정한다'입니다. 아침에 일어나 그날 할 일 중에서 가장 먼저 할 것을 우선 하나 정하고 실행합니다. 그것이 끝나면 두 번째 이후의 일을 시작해도 상관없습니다.

말은 곧 사라지지만
문자는 남습니다.

그리고 일이 끝나고 집에 돌아가면서는 잠자기 전까지 반드시 해야 할 일을 정합니다. 이때도 가장 중요하다고 생각되는 것을 우선 하나만 정하고 반드시 합니다. 친구에게 이메일을 보내는 것이든, 다 본 DVD를 다음날 반납하기 위해 가방에 넣어두는 것이든, 내일 아침밥을 위해서 밥통에 씻은 쌀을 담아두는 것이든 무엇이든 좋습니다.

이렇게 반드시 우선 할 일을 정하면 집에 돌아가는 즉시 그것을 실천하는 습관을 들입니다. 피곤하고 귀찮아도, 술자리 후 얼큰하게 취했더라도 말입니다. 그 습관이 몸에 붙으면 당신의 인생은 확실하게 바뀔 것입니다.

사람이 성공하고 실패하는 것은 단순히 습관의 차이라고 생각합니다. 재능의 차이가 아닙니다. 왜냐하면 재능의 차이는 자신의 재능을 갈고닦는 습관이 몸에 익었는지 아닌지의 차이이기 때문에 결국 습관의 차이인 것입니다. 오늘부터 당신도 성공하는 습관을 반드시 몸에 익히시기 바랍니다.

—

사람을 만나다

운은 사람이
가져다준다

—

SNS로 인간관계를 이어가는 사람들이 늘어나고 있습니다.
그러나 사람은 사람을 직접 만나야 합니다.
서로 이야기를 나누고 정보를 얻고 도움을 주고받는 사이에
운의 사랑이 커집니다.

사업에 성공하고 수입도 안정되고 시간의 여유도 많고, 국내외에 다양한 지인들이 사는 내게 친구들은 종종 이런 질문을 합니다.

　"가오루 씨는 이제 은퇴하고 유유자적한 생활을 얼마든지 할 수 있잖아요. 그런데 왜 아직까지도 그렇게 열심히 일하세요?"

　그러는 데는 여러 이유가 있지만, 그중 한 가지는 사람과 만나는 것을 좋아하기 때문입니다. 사람을 만나면 자신의 세계를 좀 더 넓힐 수 있습니다. 책도 TV도 인터넷도 정보원으로서 훌륭하지만, 사람은 사람으로부터 얻는 정보에 가장 크게 반응을 합니다.

누군가를 만나면 그 사람이 대단해 보이고 그처럼 되고 싶은 일이 많은데, 가끔은 '저 사람처럼 되고 싶지 않다'고 생각되는 나쁜 본보기의 사람들도 만납니다. 자신에게 유익한 사람만 만날 수 없는 것이 세상을 살아가는 재미이자 사람에 대한 좋은 공부가 됩니다. 누구든 나쁜 인연에서부터 무언가를 발견하게 됩니다.

또 하나의 중요한 사실이 있습니다. 운은 단독으로 다니는 일이 없으며, 사람을 통해서 영향을 주는 일이 많다는 것입니다. 즉 운은 사람이 가져다줍니다. 그렇기 때문에 사람과 만나는 것은 운을 주고받는 과정이나 다름없습니다. 의외의 사람으로부터 의외의 인연이 생기고 의외의 전개를 발생시키는 것은 운이 그렇게 우리를 인도하기 때문입니다.

사람과의 만남이 놀랄 만한 일을 만들어낸 예는 지금까지 100만 건이나 있었는데, 그중에서도 베스트 5위에 들어갈 만한 이야기를 한 가지 소개하겠습니다.

내가 몇 년 전 업무차 하와이에 갔을 때의 일입니다. 현지에서 전직 배구선수인 다나카 구미 씨의 강연회가 있어서 들었습니다. 강연이 끝난 뒤 그녀, 그리고 그녀의 소속사 여

사장인 마키야마 씨와 셋이서 식사를 같이 했습니다. 귀국 후에 두 사람을 우리 집에 초대했는데, 그때 내가 작곡하고 세계가요제에서 그랑프리를 수상한 'Good-bye morning'의 CD를 드렸습니다.

마키야마 씨는 그 CD를 사무실로 가져갔다고 합니다. 그런데 그 CD를 본 부사장 긴토 씨가 비명을 질렀답니다. 그녀가 이 세상에서 가장 좋아하는 곡이었기 때문이지요. 그녀는 이 곡을 자신의 회사에서 음반으로 발매하는 것이 꿈이었다고 합니다. 나는 그녀를 만났고, 그녀가 원하는 대로 하기로 이야기가 정리되어 루카스 펠만이라는 뮤지컬 가수가 노래를 불렀습니다.

그 후에 마키야마 씨가 다시 한번 긴토 씨를 우리 집으로 데리고 왔습니다. 이야기를 나누고 있는데 긴토 씨가 "나카지마 씨는 연예인 중에서 누굴 좋아하세요?"라고 물어서 "카와하라 아야코(영화배우이자 모델) 씨가 참 멋진 것 같습니다"라고 대답을 했더니 "아야꼬 씨는 우리 사무실에서 제가 담당하고 있어요"라고 말을 하는 것입니다. 그 사실을 전혀 몰랐던 내가 깜짝 놀라는 사이에 긴토 씨가 핸드폰을 꺼내서는 "여보세요, 아야꼬 씨? 지금 내가 나카지마라는 엄청나게 대단하신 분의 집에 와 있어요. 얼마나 대단한 분인지는 나중에 이야기하기로 하고, 아무튼 그 분이 당신 팬이래요. 이야기 좀 해보세요"라며 나에게 핸드폰을 내밀었습니다. 나는 "저, 예, 예, 아, 나카지마입니다"라고 횡설수설하며 가와하라 씨와 통화를 했습니다.

강연회를 시작으로 나는 한 사람의 오랜 꿈이 실현되도록 도움을 주었고, 동경하고 있던 여배우와 알고 지내는 사이까지 된 것입니다.

누가 무엇을 가져다줄지는 정말로 알 수가 없습니다. 모르기 때문에 사람을 계속해서 만나고 다양한 이야기를 해봐야 하는 것입니다.

사람이
복덩이입니다.

자아상을 높인다

뇌는 칭찬을
좋아한다

칭찬은 고래도 춤추게 한다더니,
뇌까지 좋게 만든다고 하네요.
자신에게 그리고 타인에게 칭찬을 많이 해주세요.

내 분야에서 성공한 나는 아직 성공을 향해 달리는 친구나 지인에게 사업에 관한 상담을 자주 해줍니다. 구체적인 진행 방법, 인간관계 등 내용은 다양합니다. 그중에서 가끔 비슷한 유형의 사람들을 보곤 하는데, 그들의 고민이나 상담 내용은 이렇습니다.

● 열심히 일은 하는데, 무엇 때문인지 생각만큼 잘 안된다.
● 실수가 빈번하다.
● 라이벌에게 항상 진다.
● 주변 사람들이 좀처럼 도와주질 않는다.

이런 고민을 하는 사람들은 공통점이 있습니다. 바로 그들의 자아상(self-image)이 너무도 낮다는 것입니다. 다시 말해, 스스로에게 자신이 없습니다.

내가 보기에 그들은 왜 그렇게 자기 자신을 낮게 평가하는지 이해가 안 될 만큼 아주 열심히 사는 성실한 사람들입니다. 일도 잘합니다. 그런데 자아상이 낮기 때문에 무언가의 방해를 받기 일쑤입니다.

스스로에게 자신이 없는 사람은 상상력도 약한 것 같습니다. 일이 잘되기를 상상하는 것보다 잘 안 될 것을 상상하니 실수와 실패가 많아집니다. 또 자기 자신에게 자신이 없다는 것은 자신을 신뢰하지 않는다는 의미입니다. 그런 사람에게는 주변도 좀처럼 협력하기 어렵습니다.

자신에게 자신이 있는 사람은 다가올 미래를 보는 힘이 있기 때문에 계속해서 앞으로 전진합니다. 한편, 자신감이 없는 사람은 미래를 보는 힘이 적어 엉뚱한 행동을 하거나, 마음속에 불필요한 두려움을 품거나 합니다. 그런 습관은 가능한 빨리 고쳐야 합니다. 하지만 그런 사람에게 "자신감을 가져! 너는 더 잘할 수 있으니까. 잘나가는 네 모습을 떠올려 보면 어때?"라고 말하는 것은 그다지 효과가 없습니다.

가장 좋은 방법은 주변 사람들의 장점을 가능한 많이 발견하고 무조건 칭찬하는 것입니다. 칭찬하고, 칭찬하고, 계속해서 칭찬을 하는 것입니다. 구체적으로 칭찬하는 것이 어렵다면 "대단해!", "끝내주는데!", "멋지다!", "나도 그러고 싶다!", "재미있다!", "근사해!"처럼 단어에 느낌표를 붙여서 연발하면 됩니다.

자기 자신에게 자신이 없는데 왜 다른 사람을 칭찬하느냐고요? 친구에게 들은 이야기인데, 인간의 뇌는 주어를 인식하지 않는다고 합니다. 예를 들어 당신이 "나카지마 씨는 정말 대단하군요"라고 칭찬했다면 뇌는 '나는 정말 대단하군요!'라고 인식한다고 합니다. 그래서 좀처럼 자신을 칭찬하지 못하는 자아상이 낮은 사람도 남을 칭찬함으로써 결과적으로 자기 자신을 칭찬하는 효과를 볼 수 있는 것입니다. 게다가 칭찬한 상대방도 기뻐하니 굉장히 멋진 일이라 할 수 있습니다.

사람을 칭찬함으로써 자아상까지 높일 수 있다니, 환상적이지 않습니까? 새로운 뇌 트레이닝이라고 불러도 좋을 것 같습니다.

반대로, 남을 험담하면 뇌는 자신을 험담한다고 생각하니 조심해야 합니다.

상상한다

상상은
꿈의 계획서다

상상이 현실이 되는 순간,
당신은 무엇을 하고 있을까요?

나는 '이렇게 되면 좋겠다', '이러면 재미있을 텐데' 하며 이것저것 상상하는 것을 매우 좋아합니다. 일하다 시간이 조금이라도 생기면 다양한 것들을 상상하며 즐기는 편입니다. '그런 망상이나 하다니, 나카지마라는 사람은 참 이상한 사람이네'라고는 생각하지 말아주세요. 나의 상상은 망상이 아니라 어디까지나 '상상'입니다.

　망상과 상상의 차이는 큽니다. 우선, 망상은 자신과 거의 접점이 없는 것을 꿈처럼 마음에 그리기만 할 뿐 그것을 현실화하기 위해 그 어떤 행동도 하지 않습니다.

　한편, 상상은 주변에서 일어나는 일보다 한 보 앞선 생각을 떠올리고 그것을 현실화하기 위한 행동 계획이 짜여 있습니다. 즉 상상은 현실화를 위한 작전이 요구됩니다.

상상을 현실화하는 작전으로서 매우 효과적인 것은 종이에 적는 것입니다. 너무 간단한 방법이라며 우습게 보면 안 됩니다. 상상하는 것만으로도 뇌는 '역시, 이런 것을 바라고 있군요'라고 이해하는데, 그것을 구체적으로 종이에 적고 읽고 들려주면 뇌의 이해가 깊어지면서 '알겠습니다. 이런 것이군요' 하고 인식합니다. 그리고 그 순간부터 상상이 현실이 될 일들을 자꾸자꾸 합니다. 스스로 인터넷에서 관련 정보를 찾아보거나, 책을 읽고 싶어지거나, 사람들의 다양한 경험을 듣고 싶어합니다. 본인도 모르는 사이에 스스로 자신을 그 방향으로 이끌어가는 것입니다. 그렇기 때문에 계속해서 상상하고, 종이에 적어서 뇌에게 지령을 내리고, 무조건 행동해야 합니다.

그러면 상상은 어떻게 해야 할까요?

그 비결은 지금의 상황을 이해하고 그보다 15% 정도 앞선 지점에서 일어날 좋은 일을 생각하는 것입니다. 욕심을 내서 너무 먼 미래의 일을 상상하면 뇌가 '당신의 그 요구는 망상이므로 받아줄 수가 없습니다'라고 거부를 하던지, 스스로 '마음에 그려보았지만 어차피 무리야'라고 알아서 회수를 해버립니다. 뇌가 '그건 괜찮아, 이루어질 거예요'라고 인정할 수 있을 정도의 상상이어야 합니다. 이왕 꿈을 마음에 그렸으니 현실화시키면 되는 것입니다. 상상이 당신의 꿈의 계획서로 바뀌는 그런 상상을 해봅시다.

나는 상상력으로 또다시 꿈을 이루고 말았습니다. 원래 2012년에 마카오호텔에서 성대한 환갑 파티를 열려고 했습니다. 그때 이벤트 게스트로 머라이어 캐리를 초대하고 싶어서 나의 상상력을 총동원해 종이에 작전을 여러 가지로 짜서 그것을 현실화할 행동 계획을 '이렇게나 하는데 안 될 리 없지' 할 정도로 세웠습니다. 그 결과, 다시 새로운 커다란 꿈이 하나 이루어진 것입니다.

그래미상의 단골손님이기도 한 그녀는 지금까지 전 세계에서 싱글앨범 판매 6,500만 장 이상, 정규앨범 판매 1억 7,500만 장 이상이라는 대기록을 세웠습니다. 솔로 가수로서는 역대 1위, 가수로서는 비틀즈 다음으로 18곡의 전미 넘버원 싱글을 가지고 있고, 기록상으로는 마돈나와 마이클 잭슨을 뛰어넘고 있습니다.

나는 이렇게 계속해서 쉼 없이 꿈을 이루어가고 있습니다. 당신도 상상력을 총동원하고 행동함으로써 꿈을 반드시 이루십시오!

START
34

믿는다
앞으로 나아가는 힘,
성장의 향기

자신을 부정하면 희망은 없습니다.
자신을 긍정적으로 생각하고 인정하고 믿으세요.
그렇게 하지 않으면 인생의 어두운 터널에 갇혀버립니다.

나는 특정 종교를 믿지는 않지만, 믿음의 힘은 부정하지 않습니다. 오히려 긍정적인 편입니다. 믿음이 있으면 마법에 걸린다고 생각합니다. 물론, 여기에서 말하는 '마법'은 마술이나 매직 같은 것이 아니라 오히려 기적에 가깝다고 생각해주십시오.

　사람이든 물건이든, 믿을 수 있는 무언가를 가진 사람은 강합니다. 특히 막다른 곳에 다다르면 더욱 강해집니다.

　신뢰할 수 있는 사람이 있다는 것은 행복한 일입니다. 믿고 의지할 수 있기 때문이지요. 인생에서 어떤 모토나 신조, 신념 등이 확고한 사람은 자신의 중심이 흔들리지 않기 때문에 길을 잘못 가는 일이 적습니다. 그리고 자신을 믿는다는 것은 정말로 대단한 일입니다.

그런데 자신을 믿지 못하는 사람이 의외로 많습니다. 그런 사람들은 자신을 너무 낮게 평가한다던가, 과거의 실수에 얽매여서 '나는 못 해'라고 생각해버립니다.

자신을 부정하면 희망이 줄어듭니다. 다른 사람들이 자신을 부정해도 자기 자신만은 스스로를 긍정적으로 생각하고 인정해주어야 합니다. 그렇게 하지 않으면 인생의 어두운 터널에 들어가버립니다. 들어간 것만으로 끝나는 게 아닙니다. 어쩌면 그 터널에서 못 나올지도 모릅니다.

터널이라는 것은, 맞은편에 반드시 출구가 있다는 대전제를 안고 있습니다. 다시 말해, 출구가 있다고 믿고 모두 들어갑니다. 그런데 '믿지 않는군요. 그럼 오늘의 출구는 있을까요, 없을까요? 자, 맞혀보세요' 같은 말을 들으면 너무 무섭겠지요? 그러니 터널의 출구가 매일 바뀌지 않는다고 '믿는' 것이 중요합니다. 그렇게 하면 좀처럼 출구를 찾을 수 없는 터널이라도 '틀림없이 출구는 있어, 이 터널이 좀 긴 것뿐이야'라고 마음을 가라앉히고 다시 앞으로 나아갈 수 있습니다.

믿는다는 것은, 앞으로 나아가는 힘 그 자체입니다.

온 세계가 몇 개월에 걸쳐서 그 행방을 주목한, 칠레 북부의 산호세 광산작업원 사람들이 전원 무사히 구출된 이면에는 '반드시 살 수 있다', '반드시 지상으로 돌아갈 수 있다'고 믿고 마음을 하나로 합친 노력이 있었습니다. 만일 그런 믿음이 없었다면 어쩌면 체력이나 기력이 다해 세상을 달리한 사람도 있었을지 모릅니다.

믿음이 있으면 적정한 시기에 필요한 사람을 만납니다. 그것은 지금까지 내가 몇 번이나 경험한 일입니다. 믿음이 있는 사람은 운이 반드시 내 편이 되어줍니다.

자신을 믿는 사람은 사람을 끌어당기는 힘이 있습니다. 성장의 향기가 나기 때문입니다. 지금과 같은 어두운 시대에, 그런 사람은 점점 더 기회를 잡기 쉬워집니다.

믿음은 강제로 되는 일이 아니기 때문에 믿고 싶지 않으면 믿지 않아도 됩니다. 그런데 진흙을 보기보다 별을 보고 싶다는 생각이 들지 않습니까? 시선을 낮추고 마음도 낮추면서 발 아래의 진흙을 보기보다, 하늘을 올려보며 별을 보는 것이 분명 우주의 힘을 나눠 받기에 유리합니다.

감사하다

초심과 겸손을
잊지 않게 해줄 마음가짐

세상엔 고마운 일들이 참 많습니다.
그것을 알아보는 것도, 그 일들에 감사하는 것도
당신이 꼭 해야 할 일입니다.

내 삶의 궁극적인 의미는 '감사'입니다. 지금의 내가 있을 수 있는 것은 계속해서 감사의 마음을 잃지 않도록 스스로에게 되뇌어 말하기 때문이라고 해도 과언이 아닙니다.

'감사'는 내 인생의 키워드이고, 습관이기도 합니다. 말을 할 때도, 편지나 메일에도 '감사'라는 말이 항상 들어갑니다. 재미있는 것은, 메일을 쓰려고 '가'를 치면 '감사'라는 단어가 자동으로 뜰 만큼 나는 '감사'라는 말을 자주 사용합니다.

사람은 혼자서는 살아갈 수 없습니다. 누구와 관계를 맺든, 누구에게 도움을 받든 자신을 위해 행동하거나 정보를 주거나 조언을 해준 모든 사람에 대해 본능적으로 감사의 마음이 나오지 않으면 그때는 좋아도 앞으로의 인생은 분명히 깜깜해질 것입니다.

"감사라는 표현을 너무 과하게 쓰는 것 같다고 할까, 평소에 사용하기에는 조금 오버하는 느낌도 있고, 오히려 거짓스럽게 느껴지기도 해요."

'감사'라는 말을 쓰는 것이 익숙하지 않은 사람들은 가끔 이런 말을 하는데, 그럴수록 자꾸자꾸 '감사'라는 말을 사용해서 부끄러워지지 않을 만큼 익숙해지면 됩니다. 그것은 감사의 말을 남발하는 것이 아니라, 당신의 어휘로서 자연스럽게 몸에 스며들도록 하는 것입니다.

'감사'는 결코 과장도 어마어마한 표현도 아닙니다. 자신의 마음에서 나오는 '고맙다'라는 마음의 또 다른 표현으로, 편리하고 대중적이고 아름다운 말입니다. 일상생활을 하며 감사하는 마음을 갖는 것은 매우 근사한 일입니다. 감사할 일이나 감사할 사람이 많다는 의미이기 때문입니다.

감사하며 사는 사람은 틀림없이 운에게 사랑을 받습니다. '감사합니다'라고 말할수록 감사할 일들이 자꾸자꾸 생기는 것이 증거입니다. 이것은 사실입니다. 속았다 셈치고 당신도 한번 해보세요. 좋은 일이 일어나기 전에 그에 앞질러서

'감사합니다'라고 말해보세요.

　나는 가수이자 영화배우인 이츠키 히로시의 오래된 팬인데, 이츠키 씨와 묘하게 인연이 되어 현재는 개인적으로 디너쇼를 부탁할 만큼 친분을 유지하고 있습니다. 사실 그 인연도 '감사'에서 온 것입니다.

　몇 년 전에 하와이에 갔을 때의 일입니다. 일본으로 돌아가는 공항의 VIP 라운지에서 나는 이츠키 씨의 곡을 아이패드로 듣고 있었습니다. '이츠키 씨의 가창력은 정말 뛰어나! 항상 감동을 주셔서 감사합니다'라고 중얼거리는 순간, 말도 안 되게 그분이 라운지로 들어섰습니다. 거짓말 같은 진짜 이야기입니다. 나는 용기를 내서 이츠키 씨에게 "저, 이츠키 씨의 골수팬인데요. 지금 마침 이츠키 씨 노래를 듣고 있었어요!"라고 말을 걸었습니다. 이츠키 씨는 매우 기뻐하며 나에게 본인의 CD를 주었습니다.

　그 일로부터 모든 것이 시작되었습니다. 내가 우리 집으로 이츠키 씨를 초대하면 답례로 이츠키 씨가 나를 콘서트에 초대했고, 그런 일들에 내가 감사를 하면 이츠키 씨가 새 앨범을 나에게 보내주거나 콘서트에서 내가 좋아하는 곡을 프로그램에 넣어주는 등 내가 기뻐할 일을 만들어주었습니다. 이츠키 씨가 왜 일본 음악계에서 오랜 시간 정상의 자리에 있었는지를 알 것 같습니다.

감사를 하면 초심으로 돌아갈 수 있고 겸손해집니다. '내가 지금 누리는 것은 모두 당연한 권리다'라고 착각하거나, 남이 무언가를 해주는 걸 당연하게 생각하면 운은 전력질주로 당신에게서 도망갈 것입니다. 지위가 높은 사람일수록 초심으로 돌아가는 계기를 잡지 못하고 교만하게 살다 결국에는 인생이 끝나버리는 경우가 많으니 조심하지 않으면 안 됩니다. 감사로써 그 일들을 방지할 수 있습니다.

발견하다

작은 발견으로
운명의 흐름을 바꾸다

100% 우연으로 이루어진 기적은 없습니다.
평소 호기심의 안테나를 세우고 직감의 속삭임을 놓치지 않으면서
작은 무언가를 발견하는 습관이 쌓여
우연이 되고 기적이 되는 것입니다.

발견을 잘하는 사람들이 있습니다.

그들은 거리를 같이 걸어도 훨씬 많은 것을 봅니다. 새로 오픈한 카페를 발견하거나, 길모퉁이의 중국요리집이 냉면을 팔기 시작했다는 쪽지를 보거나, 인파에서 아는 사람을 발견하는 등 사람들이 쉽게 놓치는 작은 변화에 민감합니다. 그리고 무언가 마음에 끌리는 것이 있으면 '어? 뭐지? 잠깐만' 하고 멈춰 서서 주의 깊게 관찰을 합니다. 그러다가 그 뒤에 숨어 있는 커다란 기회를 붙잡습니다.

호기심의 안테나를 세우고 직감의 속삭임을 놓치지 않는 사람이 됩시다. 작은 무언가를 발견하는 습관을 들입시다. 그러기 위해서는 발견해야 할 것을 사람들에게 알려야 합니다. 이메일로 전하거나, 블로그·트위터 등으로 발신하는 등 소소한 발견거리들을 항상 발설하도록 주의를 기울이면 발견하기 쉬워질 것입니다.

그러는 중에 자신의 인생을 바꿀 만한 커다란 만남이 찾아올 것입니다. 그 커다란 만남을 위해 작은 만남부터 시작하는 것입니다.

작은 만남이 나의 인생과 운명을 크게 바꾼 경우가 많습니다. 그중 하나는 엘튼 존과의 만남입니다. 그의 노래와의 만남이 그와의 첫만남입니다.

고향인 시마네에서 고등학교를 졸업한 후 야마하의 세일즈맨이 된 지 얼마 안 되었을 때 연수차 하마마츠에 가게 되었습니다. 하마마츠의 상점가를 걷다가 우연히 들어간 레코드 가게에서 엘튼 존의 'your song'이 흘러나왔습니다. 번역하면 '나의 노래는 너의 노래'입니다. 영어를 못하는 나로서는 무엇에 관한 노래인지 전혀 짐작이 가지 않았지만, 그 멜로디가 너무나도 아름다워서 마음속까지 울려 퍼졌습니다. 그래서 가게 주인에게 곡명과 가수 이름을 묻고 앨범을 사서 집으로 가려고 했더니 "이것은 디스크판이고, 다음 달에 정식 발매가 됩니다"라고 했습니다. 결국 나중에 다시 한

번 앨범을 사러 갔습니다. 그때의 두근거리던 마음은 지금도 잊을 수 없습니다.

그 이후로 엘튼 존의 골수팬이 된 나는 앨범이 나올 때마다 구매해서 레코드가 닳아빠질 때까지 몇 번이고 듣고 또 들었습니다. 그리고 '언젠가는 앨범이 아닌 실물을 만나고 싶다, 엘튼 존이 부르는 your song을 직접 듣고 싶다'고 계속해서 생각했는데 그로부터 얼마 후 일본에서 콘서트가 열린다는 소식이 들렸습니다. 너무나 가고 싶어서 어떻게 해서든 티켓을 사고 회사에 휴가를 내서 태어나서 처음으로 오사카의 후생연금회관(2010년 3월 31일 폐관)에 갔습니다. 그리고 그곳에서 엘튼 존을 보고 곡을 듣고 다시 한번 충격을 받았습니다. 나는 '이처럼 아름다운 곡을 나도 언젠가는 만들어보고 싶다'는 생각을 하기 시작했고, 결국 세계가요제에 나가 그랑프리를 받고 작곡가가 되었습니다. 그 이후로도 그는 내 인생의 고비마다 다양한 형태로 등장해서 나를 또 다른 무대 위로 올려주었습니다.

나중에는 드디어 엘튼 존과 알게 되어 그의 집에서 개최되는 유명 인사들의 파티에 매년 초대를 받았습니다. 파티는 빌 게이츠 등의 사업가와 빌 클린턴과 같은 정계인, 덴젤

워싱턴과 윌 스미스, 우마 서먼 등의 영화배우, 저스틴 팀버레이크 등의 아티스트, 나오미 캠벨 등 슈퍼모델, 스포츠 선수와 F1 드라이버까지 유명인사 중에서도 최고위 인사들이 모여 눈이 돌아갈 정도로 화려함을 자랑하는 모임이었습니다. 하마마츠의 레코드 가게에 들어갔을 때 우연히 들었던 곡이 나를 이런 곳에 데리고 와주었다고 생각을 하면 정말로 신기하고 감사한 마음이 솟구칩니다.

매일매일의 생활에서 작은 발견의 폭풍을 일으킵시다. 당신의 인생이 말도 안 될 만큼 여유로워지고 행운이 가득해질 기회를 놓치지 마십시오.

남에게
도움이 되다

다른 사람을 기쁘게 해주면
운의 사랑을 듬뿍 받을 수 있다

당신의 행동은 돌고 돌아
결국 당신에게 되돌아옵니다.

당신은 무엇을 하고 있을 때가 가장 행복합니까?

나는 내가 한 일로 주변 사람들이 기뻐하거나, 행복해지거나, 그들에게 도움이 될 때 가장 행복합니다. 성장을 도와줌으로써 그들이 다음 단계로 나아가는 것을 볼 때 내 마음은 감동으로 가득 차올라 더할 나위 없는 기쁨과 행복감에 휩싸입니다.

내가 하고 있는 사업은 가능한 많은 사람들을 행복하게 해주기 위한 일입니다. 그 점이 내가 일을 즐기고 있을 때가 가장 행복한 이유인지도 모르겠습니다.

겉멋을 부리는 것도, 희생만 하는 것도 아닙니다. 나 자신이 풍요롭고 행복해지고 싶다면 우선 주변 사람들을 풍요롭고 행복하게 해주면 됩니다. 그것이 언뜻 보기에는 먼 길을 돌아가는 것처럼 보이겠지만 실제로는 지름길입니다. 자신이 풍요롭고 행복해지고 나서 다른 사람을 풍요롭고 행복하게 해준다는 것은 옳은 것처럼 보이지만 실은 반대입니다. 남을 소중히 대하는 사람이 남에게 소중한 대접을 받는다, 이것이 세상의 이치입니다.

누군가를 행복하게 해주는 것은 실제로 해보면 어렵지 않습니다. 그 사람이 무엇을 바라는지를 알면 간단합니다. 그러기 위해서는 약간의 관찰력과 상상력이면 충분합니다. 무언가에 도전하는 사람에게는 응원을, 곤란한 상황에 처한 사람에게는 도움을, 무언가를 시작하려는 사람에게는 정보를, 자신감을 잃어버린 사람에게는 따뜻한 격려를, 꿈을 이룬 사람에게는 아낌없는 박수와 칭찬을, 변화가 없는 사람에게는 놀라움을, 그리고 모든 사람에게 마음으로부터의 애정과 감사를… 당신이 부자가 아니어도, 지위나 스펙이 없더라도, 지식이 없더라도, 시간이 없더라도 누군가를 위해서 할 수 있는 일은 정말로 많습니다. 당신이 다른 사람을 위해서 해준 일들은 돌고 돌아 언젠가는 당신에게 반드시 돌아갈 것입니다. 그때 당신은 이미 운에게 사랑받는 사람

나보다 남을 먼저
생각하는 마음이 아름답습니다.

이 되어 있을 것입니다.

단, 누군가를 위해서 무언가를 할 때는 보상을 바라지 않아야 합니다. 보상을 기대하는 순간 운은 당신에게서 멀어져 나중에는 12시에 마법이 풀리는 신데렐라처럼 혼자 남게 됩니다.

'누군가를 위해서', 이 말을 잊지 맙시다.

'누군가를 위해서' 무언가를 하고 싶어 하는 사람이 주변에 몇 명이나 있습니까? 그리고 '누군가를 위해서' 자신에게 무언가를 해줄 사람이 주변에 몇 명이나 있습니까? 그것이 인생을 살아가는 의미입니다.

주변 사람을 좀 더 좋아합시다. 그러면 사람들도 당신을 좋아하게 됩니다. 운명은 사람들을 좋아하는 에너지, 사람들이 나를 좋아하는 에너지를 매우 좋아합니다. 그 에너지가 크면 클수록 운에게 사랑받을 확률 또한 높아집니다.

운에게 사랑을 받으면 풍요롭고 행복에 가득찬 삶을 살게 됩니다. 이것은 의심할 여지가 없는 진실입니다. 다만, 오해를 해서는 안 되는 것이 하나 있습니다. '운은 인생을 좌우하지 않는다'는 것입니다.

나의 경험에 비추어보면 운이 30%, 행동이 70%인 것 같습니다. 이 숫자는 사람에 따라 의견이 다를지 모르겠지만, '나카지마 가오루 법칙'으로는 30:70입니다.

하나 더 말하면, 운보다도 행동이 먼저입니다. 70에 해당하는 행동을 100%의 열정을 기울여서 실행하면 30에 해당하는 운이 움직이기 시작합니다. 다시 말해, 행동 없이는 운도 없습니다. 운에게 계속 사랑받기 위해서는 그에 상응하는 행동을 하지 않으면 안 되는 것입니다.

운을 사람처럼 생각해보면 이해하기 쉬울 것 같습니다. 누군가에게 사랑받고 싶다면 그 사람이 좋아해줄 만한 사람이 먼저 되어야 합니다. 아무것도 하지 않으면서 사랑을 받는 것은 불가능한 일입니다. 그것처럼 운에게 사랑받기 위해서는 노력이 필요합니다.

그런데 운은 사람과는 달라서 '사랑받아야지' 하고 생각하고 행동하면 실패합니다. 사람이라면 상술이 가미된 작전이라도 열정과 성의를 다해 밀고 나가면 마음이 통할 수도 있지만, 운은 다릅니다. 내가 '운에게 사랑받아야지'라고 생각한 시점에 그것을 알아차리고 아무리 행동에 옮겨도 '보상을 기대하고 하는 거구나' 하고 판단해버립니다. 그러니 '운에 사랑받아야지'라는 생각을 일단 버리고 운에게 사랑받을 만한 행동을 지향할 필요가 있습니다.

이 책에서는 내가 평소에 습관처럼 유지하는 행동법칙 37 가지를 엄선해 전해드렸습니다. 나 나름대로 느낀 '운은 이런 사람을 좋아하고, 이런 사람은 좋아하지 않는다'라는 힌트도 군데군데 넣어놓았으므로 참고하시기를 바랍니다.

내게 '운에게 사랑받고 있다'고 말해준 사람은 기요시마 구몬이라고 하는 매우 덕이 깊은 심령사입니다. '심령사는 무서워', '눈에 보이지 않는 세계 같은 건 난 믿지 않아'라고 생각하는 분도 있을지 모르겠습니다. 나 역시 눈에 보이지 않는 영혼의 세계는 잘 모르고 그러한 종류의 능력도 없지만, 그렇다고 해서 그런 것들을 부정하지는 않습니다. 운도 눈에는 보이지 않는 것이고, 그저 나는 우리 조상들이 나를 지켜주고 있다고 생각을 합니다.

기요시마 씨에 의하면 마이크로소프트사의 빌 게이츠나 애플사의 스티브 잡스, 맥도날드사도 운의 사랑을 받는데 그들의 공통점은 '많은 사람을 행복하게 해준다'는 것입니다. 컴퓨터의 혜택을 받지 않은 사람은 이 지구상에는 이제 거의 없고, 패스트푸드는 여러 의견들이 있기는 하지만 이 세상 모든 사람들이 즐겨 먹고 있습니다. 아티스트나 운동선수들은 사람들에게 꿈과 희망과 감동을 주고 있으며, 작가는 인간의 상상력의 장을 계속해서 넓혀가고 있습니다. 이들은 스스로 인식하지 않아도 시대나 사회의 사랑을 받고 있습니다.

사람과 마찬가지로, 기업도 많은 사람들을 행복하게 해주면 성공하고 발전합니다. 고객이 기뻐할 일들을 우선시하는 기업은 성장하고, 매출을 우선시하는 기업은 얼마 안 가 파국에 치닫는 일은 어디서든 볼 수 있습니다.

다시 말해, 운에 사랑받기 위해서는 타인을 위해 자신이 할 수 있는 일로 도움을 줌으로써 사람들의 사랑을 받아야 합니다.

그렇게 생각을 하면 나는 참으로 행운아입니다. 내 사업의 모토가 '남을 도와서 성공시키고 삶을 풍요롭게 하는 것이 자신을 풍요롭게 하는 지름길'이기 때문입니다. 덕분에 나는 즐기면서 많은 사람의 성공을 돕고 있으며, 그것이 나 자신의 성공으로도 연결되는 기쁨을 맛보며 살고 있습니다.

당신도 주변 사람을 기쁘게 하고, 행복하게 하고, 운에게 사랑을 받도록 합시다. 시작은 누구나 보잘 것 없습니다. 누군가를 돕거나 응원하는 것도 좋고, 필요한 정보를 알려주거나 감사의 마음을 표현하거나 칭찬을 하는 것도 좋은 방법입니다.

내 인생의 은사인 리치 디보스 씨는 항상 나를 격려해주고 배려의 마음을 표현해주며, 나의 가족은 항상 안심과 애정을 주고, 나는 '좀 더 이 사람들을 기쁘게 해주고 싶다, 행복하게 해주고 싶다'라고 생각하며 열심히 일을 합니다. 그것이 결과적으로 운에게 사랑받는 사람이 된 것입니다.

당신의 인생도 오늘부터 '운에게 사랑받는' 방향으로 나아가기를 바랍니다.

_ 나카지마 가오루

To. 운

항상 옆에 있어줘서

나를 지켜봐줘서 고마워.

앞으로도 사람들에게 도움이 되도록,

좀 더 많은 사람들이 기뻐할 수 있도록 노력할게.

'앞으로도 잘 부탁드립니다',

운에게 조용히 감사를 해봅니다.

"바쁘게 일하는 것이 중요한 것은 아니다. 개미도 바쁘게 일한다. 중요한 것은 무엇 때문에 바쁜가이다."

– 헨리 데이비드 소로우

올해로 네 살이 되는 아이에게 잠깐만 엄마에게 와보라고 하면 "엄마, 지금 바빠요, 이따가요"라고 합니다. 정말로 이 세상에는 누구 하나 안 바쁜 사람이 없는 것 같습니다.

저의 일상도 예외는 아니었습니다. 새벽 5시 기상, 아침 7시 첫 수업, 오후 4시에 모든 수업을 마치면 책을 쓰고 동영상 강좌를 촬영하고 집으로 돌아와 다음날 수업 준비를 했습니다. 이 모든 일을 마치고 나면 새벽 1시. 뒤를 돌아볼 여유도 없이 하루하루를 열심히 지내며 저의 30대를 일본어 교육에 모두 바쳤습니다. 즐거웠고 보람을 느꼈고 저의 천

직이라 여기며 만족하며 지냈었지요.

그러다 문득 뒤를 돌아보면 열심히 살고는 있지만 정신없이 쫓기듯 살아갈 뿐 내가 무엇을 원하고 무엇을 이루고 싶은지도 모르는 채 살아가는 건 아닌가 하는 두려움이 들기도 했습니다. 잠시 멈춰 서서 뒤를 돌아볼까 하는 생각도 들었지만 일상의 리듬이 흔들릴까봐 애써 무시하고 '다 그런 거야, 특별한 게 뭐 있겠어, 이렇게 열심히 살고 있는데' 하며 또다시 그 일상으로 돌아갔지요.

이 책에 담긴 나카지마 가오루 씨의 조언은 일상에 젖어 있던 제게 큰 감동과 충격을 동시에 주었습니다. 특히 '현재 나의 모습은 내가 생각하고 선택한 결과물이다'라는 문구가 가슴 깊이 남습니다. 내가 오늘 입은 옷, 내가 아침에 들었던 라디오 채널, 내가 지하철에서 읽은 책, 내가 오늘 만나기로 한 사람, 내가 하는 이야기, 수첩 속 스케줄… 큰 의미 없이 일상에서 만드는 이 작은 생각과 선택의 결과가 조금씩 조금씩 나를 만들어 오늘의 내가 되었다는 말씀에 한동안 다음 장을 넘길 수가 없었습니다.

'나의 현재가 만족스러운가? 이대로 살아가도 될까? 그렇다면 다가올 나의 미래의 모습은 어떤 모습일까?' 하는 고민에 빠져서 다시 시작하고 싶어졌고, 하루하루 무사히 살았다는 안도감을 느끼는 인생보다는 적어도 앞으로는 미래의 나에게 부끄럽지 않을 생각과 선택을 하며 살고 싶다는 생각이 간절해졌습니다. 한 번뿐인 인생인데, 사람들에게 꿈과 희망을 전하며 가슴 뛰는 나만의 인생을 살고 싶다는 생각이 저를 잠 못 들게 했습니다.

그리고 아직 내 가슴속에서 피우지 못한 꽃과 가능성을 보았습니다. 씨를 뿌리고 물을 주고 정성을 다해 꽃밭을 만들어야죠. 나만의 정원에 피어날 형형색색의 꽃들을 상상합니다.

_ 한고운

옮긴이 _ 한고운

와세다대학교 대학원 일본어교육연구과를 졸업하고 파고다어학원 일본어 대표강사 및 EBS 강사로 일했다. 이 책에 담긴 좋은 의미들을 널리 알리고 싶어 번역, 소개하게 되었다. 저서로 《스쿠스쿠 일본어 문법완성》(위트앤위즈덤), 《재패니즈 리스타트》(뉴런) 등이 있고, 《류마티스 걱정 마》를 번역했다. 현재 1인 기업 활동을 하며 통역과 번역을 하고 있다.

바꾸고, 버리고, 시작하라

개정판 1쇄 발행 2022년 10월 11일
개정판 2쇄 발행 2024년 10월 31일

지은이 나카지마 가오루
옮긴이 한고운
펴낸이 강효림

편집 곽도경
표지디자인 디자인 봄바람
내지디자인 채지연
일러스트 박향미

용지 한서지업㈜
인쇄 한영문화사

펴낸곳 도서출판 전나무숲 檜林
출판등록 1994년 7월 15일·제10-1008호
주소 10544 경기도 고양시 덕양구 으뜸로 130
　　　 위프라임 트윈타워 810호
전화 02-322-7128
팩스 02-325-0944
홈페이지 www.firforest.co.kr
이메일 forest@firforest.co.kr

ISBN 979-11-88544-90-5 (13320)

전나무숲 건강편지를
매일 아침, e-mail로 만나세요!

전나무숲 건강편지는 매일 아침 유익한 건강 정보를 담아 회원들의 이메일로
배달됩니다. 매일 아침 30초 투자로 하루의 건강 비타민을 톡톡히 챙기세요.
도서출판 전나무숲의 네이버 블로그에는 전나무숲 건강편지 전편이 차곡차곡
정리되어 있어 언제든 필요한 내용을 찾아볼 수 있습니다.

http://blog.naver.com/firforest

 '전나무숲 건강편지'를 메일로 받는 방법 forest@firforest.co.kr로
이름과 이메일 주소를 보내주세요. 다음 날부터 매일 아침 건강편지가 배달됩니다.

유익한 건강 정보,
이젠 쉽고 재미있게 읽으세요!

도서출판 전나무숲의 티스토리에서는 스토리텔링 방식으로 건강 정보를
제공합니다. 누구나 쉽고 재미있게 읽을 수 있도록 구성해, 읽다 보면 자연스럽게
소중한 건강 정보를 얻을 수 있습니다.

http://firforest.tistory.com